Karsten Edelburg

How to Play the Game?

Originalausgabe – Erstdruck

Für alle Frauen, die in der Businesswelt ihre eigenen Regeln aufstellen wollen, nach denen dann gemeinsam gespielt wird!

Karsten Edelburg
mit Annette Piechutta

How to Play the Game?

Erfolgreich als Frau in einer maskulinen Geschäftswelt

Schardt Verlag Oldenburg

Bibliografische Information Der Deutschen Bibliothek

Die Deutsche Bibliothek verzeichnet diese Publikation in Der Deutschen
Nationalbibliografie; detaillierte bibliografische Daten sind im Internet
über www.d-nb.de abrufbar.

Redaktionelle Unterstützung Annette Piechutta,
Autorin und Ghostwriterin –
www.ghostwriterin.com

Quellenverzeichnis und weiterführende Informationen:

Hundetraining:
www.hunde-welpen.de/erziehung/gehorsam.htm

Hass und Rache:
Das Zitat von Nietzsche ist entnommen:
Friedrich Nietzsche, Menschliches, Allzumenschliches. Ein Buch für freie
Geister, Anaconda, 2006.

Maslow-Pyramide:
Abraham H. Maslow, Motivation und Persönlichkeit, rororo, 1981.

1. Auflage 2012

Copyright © by
Schardt Verlag
Uhlhornsweg 99 A
26129 Oldenburg
Tel.: 0441-21779287
Fax: 0441-21779286
E-Mail: kontakt@schardtverlag.de
www.schardtverlag.de
Herstellung: Aalexx Buchproduktion GmbH, Großburgwedel

ISBN 978-3-89841-682-5

Wenn Sie in der Politik etwas gesagt haben wollen, wenden Sie sich an einen Mann. Wenn Sie etwas getan haben wollen, wenden Sie sich an eine Frau.

Margaret Thatcher

(ehemalige britische Politikerin
und von 1979-1990 Premierministerin
des Vereinigten Königreiches)

Inhalt

Vorwort

Die Kommunikation und Gedankenwelt von Männern und Frauen ist komplett verschieden. Das wurde mir sehr früh bewusst. Wenn ich als kleiner Junge zu meinem Vater gegangen bin, um etwas zu erfahren, sagte er meist: „Frag deine Mutter!" Da sagte ich: „Nee, so viel will ich gar nicht wissen!" Mir war damals schon klar, Frauen wissen viel mehr als Männer, und sie reden anders. Ihre Sprache ist emotionaler, weitschweifiger, und sie gehen mehr in Details. Sie haben Freude daran, sich mitzuteilen.

Später, im Berufsleben, erkannte ich, dass hinter jedem erfolgreichen Mann eine starke Frau steckt, sei es die Assistentin, Referentin, stellvertretende Abteilungsleiterin, die Ehefrau oder auch die Mutter. Da dachte ich: Wenn diese Frauen hinter den erfolgreichen Männern stehen, warum machen sie den Job dann nicht selbst? Warum geben sie sich damit zufrieden, von der „zweiten Reihe" aus zu agieren – mit weniger Ansehen, weniger Einfluss, weniger Geld?

Ich habe dann als Managementberater in zahlreichen Unternehmen gearbeitet und im Laufe der Zeit viele Menschen in Führungspositionen kennengelernt. Was mir auffiel, war, dass die Männer ihren Job meist als ein Spiel gesehen haben, das sie gewinnen wollten. Sie hatten Spaß daran. Die Frauen dagegen haben fast alle auf eine verzehrende Art und Weise gekämpft, da ging oft die Freude verloren. Sie fanden sich plötzlich auf einem Kriegsschauplatz wieder, den sie so nicht erwartet hatten, dem sie sich versuchten anzupassen, aber eigentlich nicht gewachsen fühlten.

Da waren also diese *wissenden*, gut ausgebildeten und fachlich kompetenten Frauen, und ich fragte mich: Wo liegt die Ursache des Problems? Warum glauben sie, kämpfen zu müssen?

Ich kam schnell auf die Kommunikationsunterschiede, die ich schon als kleiner Junge zwischen meinen Eltern gespürt hatte, und erlebte, wie sich Frauen selbst disqualifizierten oder unbedingt wie Männer sein wollten. Sie setzten Masken auf, hinter denen sie sich nicht wohlfühlten, die sie einengten und in ihrer Kreativität behinderten. Doch es nützt weder den Frauen noch der Wirtschaft etwas, wenn sich Frauen wie Männer verhalten, denn damit werden die Frauen ihren Fähigkeiten nicht gerecht. Unter diesem Aspekt habe ich dieses Buch geschrieben.

Ich wünsche mir, dass Sie, liebe Leserin, keine Maske aufsetzen, einfach ganz Frau sind und in Ihre eigene Freude kommen. Hierfür gebe ich Ihnen Anregungen, zeige Kommunikationsmuster zwischen Mann und Frau, erkläre Ihnen die Regeln der Männer und helfe Ihnen, Ihre eigenen zu finden, nach denen dann gemeinsam gespielt werden sollte. Nein, muss. Doch halt! Dieses *muss* bedeutet nicht, dass Sie anfangen sollen zu dominieren. Es bedeutet, dass Sie Ihre femininen Fähigkeiten in die maskuline Geschäftswelt einbringen und durch Entfaltung Ihres „weiblichen Radars" Ihre Abteilung oder Ihr Unternehmen ganz selbstverständlich bereichern und zum Erfolg führen – selbstbewusst und mit Freude an Ihrem Beruf. Nur so entsteht Fairness zwischen den Geschlechtern und eine Harmonie, nach der wir alle suchen.

Ihr Karsten Edelburg

Teil 1

Die Unterschiede zwischen Mann und Frau. Der „Augenöffner"!

1. Der Mann und das Mammut

Haben Sie sich in einem Meeting schon einmal verloren gefühlt, weil Ihre männlichen Kollegen die Diskussion bestimmten und Sie nicht zu Wort kamen? Waren Sie nach Gesprächen mit Ihrem Vorgesetzten häufig frustriert, weil Sie das Gefühl hatten, der hört Ihnen nicht wirklich zu? Wurden Sie schon einmal von einem Geschäftspartner „angemacht", weil er nicht die Assistentin, Abteilungsleiterin oder Geschäftsführerin in Ihnen gesehen hat, sondern *nur* die attraktive Frau, das vermeintliche Sexualobjekt? Ist Ihr Bücherregal voll mit Ratgebern, die das Aneinander-Vorbeireden der Geschlechter endlich in geordnete Bahnen bringen wollen? Seufzen Sie trotzdem manchmal: „Ich versteh die Männer nicht"?

Zu wissen, wie das andere Geschlecht tickt, was für es wichtig ist und woher so manch seltsam anmutende Verhaltensweise kommt, ist die Basis, um sich nicht ständig misszuverstehen oder gar zu streiten. Da ich Ihnen keine oberflächlichen Ratschläge anbieten möchte, sondern die „Augen öffnen" will, um in der maskulinen Geschäftswelt erfolgreich zu sein, lassen Sie mich in dunkler Vorzeit beginnen.

Im Laufe der Evolution hat sich der Mann in mehreren Phasen entwickelt: Ganz am Anfang steht der *Libido-Mann*. Er ist vielleicht zwei Millionen Jahre alt, und ich nenne ihn so, weil der Homo erectus in erster Linie seinem sexuellen Trieb folgte, um seine Gene möglichst weit zu verteilen, und so relativ viele Partnerinnen befruchtet hat. Er konzentrierte sich auf die Jagd, und wenn er abends erfolglos, also ohne ein Mammut oder ein anderes Getier erlegt zu haben, zurück in die Höhle kam, machten die Frauen des Clans ihm wütend klar, dass er ein elender *loser* sei und er hier nichts mehr verloren hätte, wenn er nicht seinen Beitrag innerhalb der Gruppe leisten würde.

Dann gibt es den *emotionalen Mann.* Er entwickelte sich vielleicht vor fünfzigtausend Jahren, als sich längst der Homo sapiens herausgebildet hatte und die Menschen begannen, emotionale Bindungen einzugehen. Auch aus dem Grund, um ihre Kinder durchzubringen, die in lockerer Gemeinschaft, ohne den Schutz des Mannes, oft von wilden Tieren aufgefressen oder von kriegerischen Stämmen getötet wurden.

Beide männlichen Gattungen, sowohl der Homo erectus als auch der Homo sapiens, waren dazu verdonnert zu beschützen und zu versorgen. Sie jagten und produzierten. Natürlich wissen wir heute, dass auch die Frauen der Steinzeit Wurzeln und Früchte sammelten sowie kleine Tiere und Fische fingen, also zum Unterhalt der Familien beitrugen. Doch der Hauptversorger war stets der Mann.

Und da war noch etwas. Die Frauen selektierten, mit wem sie sich einlassen wollten. Männer, denen Respekt entgegengebracht wurde und mit besonderen Talenten, waren gefragt. Wenn ein Kerl ein geschickter Jäger war, besonders schnell laufen konnte oder als Krieger mutig seine Sippe verteidigte, hatte er viel größere Chancen. Das führte zu einem Wettbewerb der Männer um die Frauen, die nach Meinung der Männer knapp waren. Warum? Ein Mann konnte rein rechnerisch dreitausend Kinder mit eintausend Frauen zeugen, eine Frau aber in der Regel nur zwischen zehn und zwanzig Kinder zur Welt bringen.

Der Mann: Beschützer – Versorger – Erzeuger. Geboren, um im Kampf zu sterben. Alles klar? Und sich dann auch noch ständig im Wettbewerb um die Frauen befinden! Erkennen Sie, liebe Leserin, den Leistungsdruck, dem das männliche Geschlecht seit jeher ausgesetzt ist und dem es noch heute standhalten muss?

Tatsächlich haben all diese Pflichten und Eigenschaften den Mann über Millionen von Jahren geprägt. Er hat sie verinnerlicht. Doch dann, Mitte des letzten Jahrhunderts, der

Super-GAU! Die sogenannte zweite Welle der Frauenbewegung schwappte über Europa und Amerika hinweg, ausgehend von Frankreich und den Auswirkungen des Zweiten Weltkrieges. Diesmal wurde nicht nur, wie nach der Französischen Revolution, um Bildung und Bürgerrechte gekämpft, sondern es wurden die traditionelle Rollenverteilung von Mann und Frau sowie das Patriarchat heftig infrage gestellt. Zu dieser Zeit entstand der *intellektuelle Mann*, wie ich ihn nenne. Aber glauben Sie mir, der ist dieser rasanten Entwicklung nicht gewachsen: Emanzipation der Frau, Geburtenkontrolle, freie Sexualität. Dazu die Errungenschaften technischer Hilfsmittel wie elektrische Küchengeräte, Waschmaschinen, Geschirrspüler ... Der versteht das zwar vom Kopf her, doch gefühlsmäßig kommt er nicht mit. Seine Großmutter hat sich noch ausschließlich um den Haushalt gekümmert, seine Mutter war nur stundenweise berufstätig, hat „mitverdient", aber diese neuen, frechen Frauen wollen alles, Karriere und Familie, das macht ihn völlig fertig.

Diese drei Typen, *Libido-Mann*, *emotionaler Mann* und *intellektueller Mann*, stecken noch heute in jedem von uns Kerlen. Wobei es der Libido-Mann am schwersten hat. Der hat das Animalische nie abgelegt. Krrrrrr! Der will nicht diskutieren. Der will machen, gewinnen und besitzen – und der will, dass sich ihm die Frau unterwirft.

2. Die Welt des Mannes ist das Geld

Männer haben ein anderes Verhältnis zu Geld als Frauen. Geld ist für Männer wichtig, ist Anreiz und Statussymbol. Auch für mich. Wenn ich zum Beispiel meine früheren Kommilitonen treffe, dann gucke ich unweigerlich: Wie viel verdienen die? Verdienen die weniger oder mehr als ich? Auch Männer, die als Maler, Lackierer oder Elektromechaniker arbeiten, schauen innerhalb ihres Metiers: Wie viel verdienen die anderen, wie viel verdiene ich? Wenn sich ein Arbeiter zum Vorarbeiter hochgearbeitet hat und mehr Geld auf seinem Lohnzettel steht, bekommt er unweigerlich ein höheres Selbstwertgefühl, weil er es innerhalb seiner Gruppe zu etwas gebracht hat. Männer denken in Geld und Zeit, weil auch Zeit Geld ist.

Woher kommt das? Es kommt aus der Zeit, als der Mann noch jagen und versorgen musste. Seine Aufgabe war seit jeher die des Versorgers und Produzenten, und das bis in die Mitte des letzten Jahrhunderts hinein, da Frauen durch ihre Rolle als Hausfrau und Mutter meist über kein eigenes Geld verfügten. Auch hier befand sich der Mann wieder im Wettbewerb. Kerle mit Ansehen und Respekt wurden von Frauen schon immer als Partner bevorzugt. Sie wissen schon ... geschickte Jäger oder mutige Krieger hatten schon in Vorzeiten viel größere Chancen. Sie waren eine gute Partie – und sind es heute noch.

So geprägt, verbinden Männer mit Geld Macht, Einflussnahme und Erfolg. Dabei ist es völlig egal, ob der Mann in Europa, Amerika, Asien oder Australien lebt. Ob er Chinesisch, Afrikaans oder Swahili spricht. Egal, wo er lebt und was er spricht: Seine Sprache ist die des Geldes. Er denkt immer an Geld. Geht er mit seiner Frau oder Freundin essen, steht ein Euro-Zeichen auf seiner Stirn. Fährt er mit seiner Familie in Urlaub, ist das Euro-Zeichen da. Macht er *business*, denkt er in Euros, Dollars, Yen oder englischen Pfund.

Da die Welt des Mannes das Geld ist, hat er sich Regeln ausgedacht, als Handlungsrahmen sozusagen. Zuerst tauschte er Waren gegen Waren, dann wurden als Wertmesser Metalle wie Kupfer, Zinn, Silber und Gold aufgelegt. Schließlich schuf er Währungen, um dem Geldwesen eine Ordnung zu geben, legte Münz- und Notensysteme fest.

Auch in Beziehung zu einer Frau steht das Geld im Vordergrund. Verdiene ich gut genug, um ihr einen Heiratsantrag zu machen, wird sie mich nehmen? Wie viel Mitgift bringt sie mit? Wie viel verdient sie in ihrem Beruf? Was kostet es mich, eine Familie zu gründen? Wie viel Haushaltsgeld bekommt die Frau? Wie viel Geld bleibt für mich? Sollte ich es in Aktien anlegen, oder sollte ich mir lieber einen flotten Wagen dafür kaufen? Wer, glauben Sie, denkt mehr an Geld, reiche oder arme Leute? Arme! Sie denken tatsächlich an nichts anders. „Liebling, möchtest du shoppen gehen?" – „Nicht wirklich, mein Konto ist überzogen."

„Schatz, möchtest du verreisen?" – „Ich würde gerne, aber ..." Selbst wenn arme Menschen nicht an Geld denken, werden sie ständig daran erinnert, kein Geld zu haben.

Nein, ich sage nicht, dass man mit Geld Glück kaufen kann. Ich sage nicht, dass man mit Geld Glück kaufen kann. Ich sage nicht, dass man mit Geld ... Aber ich sage, dass jeder, der glaubt, dass man mit Geld kein Glück kaufen kann, nicht weiß, wo er wirklich gut einkaufen kann.

Das Geld ist das Spiel des Mannes! Unbewusst denkt er immer daran, und es spielt dabei auch keine Rolle, welcher gesellschaftlichen Schicht er angehört: Wie komme ich im Betrieb oder in der Firma weiter? Wie lange dauert es, bis ich die nächste Hierarchiestufe erreiche? Wie viel Geld wird mir ein Aufstieg bringen? Wenn ich die Abteilung rationalisiere, was spare ich an Lohnkosten ein? Was kostet es mich, wenn ich eine weitere Fachkraft einstelle?

Geld ist seine Welt. Wo eine Frau tief in ihrem Inneren Gefühle wie Liebe, Hoffnung und Leidenschaft in sich trägt, hat der Mann eine Registrierkasse! Während die Frau noch von einem neuen Kleid, einer Reise in die Südsee oder einem Essen beim schicksten Italiener der Stadt träumt, denkt der Mann bereits: Wie viel wird es mich kosten?

Der irische Schriftsteller Oscar Wilde sagte einmal: Als ich jung war, glaubte ich, Geld sei das Wichtigste im Leben. Heute, da ich alt bin, weiß ich, es stimmt!

3. Die Welt der Frau ist, dem Leben Freude zu geben

Die meisten Frauen haben bis ins letzte Jahrhundert hinein kein eigenes Geld verdient. Während es für den Mann Macht und Einfluss bedeutet, ist es für die Frau lediglich Mittel zum Zweck. Sie kann mit Geld etwas erstehen, das ihr Spaß macht und gute Gefühle bereitet. Und wenn sie sich zum Beispiel für Schuhe entscheidet, obwohl sie doch schon so viele Paar im Schuhschrank stehen hat, zählt die Freude am Produkt und nicht der Preis.

Sie selbst wird, das muss ich leider sagen, durch Geld nicht unbedingt attraktiver für einen Mann, umgekehrt schon. Ein Mann ohne Geld hat es noch heute schwer bei einer Frau, besonders wenn sie mit Bildung punkten kann und beruflich erfolgreich ist.

Wenn also der Mann die Welt des Geldes kontrolliert, wenn das sein Spiel ist, was kontrolliert dann die Frau? Die Frau kontrolliert das Leben, macht es lebenswert und gibt das Geld aus. Und zwar mit Freude und Genuss! Und hier wären wir wieder bei den Schuhen.

Natürlich bediene ich mich mit den Schuhen eines Klischees. Doch bei dem Spiel ums Geld, das die Frau mit Vergnügen ausgibt, kommt noch ein anderer wichtiger Aspekt hinzu. Die Frau kontrolliert nicht nur, wie das Geld auszugeben ist, sie kontrolliert „das Leben zu leben". Das ist der *deal*. Quantität gegen Qualität. Geld und Versorgung gegen ein angenehmes Leben. Der Mann bringt (in erster Linie) die Kohle nach Hause, und die Frau macht *social life*, baut Beziehungen auf, pflegt sie und nimmt mit Freude ihre Rolle als Netzwerkerin und Diplomatin wahr. Sie ist es in der Regel, die in der Schule an Elternabenden teilnimmt, die Silvesterpartys mit Freunden plant, die Kinder zum Sport begleitet und Kontakte zur Nachbarschaft pflegt.

In seinem Buch „Jenseits vom Mittelmaß" schreibt Hermann Scherer, dass Männer bis heute Jäger und Frauen

Sammlerinnen sind. Diese Regel versucht er in einem Experiment zu belegen. Er gibt einer Gruppe Männer und Frauen die Aufgabenstellung, in einem großen Modehaus in Düsseldorf eine Hose zu kaufen. Im Schnitt benötigen die Männer circa sechs Minuten und geben rund 69 Euro dafür aus. Nach dem Kauf der Hose gehen sie nach Hause. Die Frauen dagegen benötigen drei Stunden und sechsundzwanzig Minuten, also fast fünfunddreißigmal so viel Zeit, und geben circa 692 Euro beim „Sammeln" durch die verschiedenen Abteilungen des Kaufhauses aus.

Ein schönes Beispiel, wie ich finde, um zu zeigen, dass zwischen den Ohren eines Mannes „Zeit und Geld", und zwischen den Ohren einer Frau das „Vergnügen" liegt. Wenn wir das verstanden haben, ist eine erfolgreiche Zusammenarbeit zwischen den Geschlechtern eine Leichtigkeit.

4. Männer spielen das Spiel „Gewinner und Verlierer"

Männer verhalten sich anders als Frauen. Klar. Nach aktuellen Studien zeigt sich bei Jungen schon kurz nach der Geburt, dass sie ungestümer als Mädchen reagieren und es schwerer ist, sie zu beruhigen. Nach ein paar Monaten schon begehren sie auf, wollen sich unbedingt durchsetzen, und im Alter von etwa drei Jahren bevorzugen sie Spielzeug, das irgendeine Funktion hat. Da ist jeder Stab ein Schwert, jedes Rundholz eine Pistole, da ziehen kleine Jungs mit ihren Spielkollegen in die Schlacht, spielen Cowboy und Indianer, und jeder will ein Sieger sein. Jungen haben Freude am Konkurrenzdenken, sie wollen sich messen und haben nichts gegen Statusunterschiede in der Gruppe. Etwas, das Mädchen völlig abgeht. Sie tendieren zur Gleichberechtigung und vermeiden es wenn möglich, in Konkurrenz zu anderen zu treten. Die Atmosphäre ist ihnen wichtiger, als aus der Gruppe herauszustechen.

Die Freude am Kampf, die Vision, in einer Schlacht zu sterben (egal in welcher), ist eine Veranlagung und rührt viele Millionen Jahre her, als der Mann Konflikte zwischen rivalisierenden Stammesgruppen lösen und seinen Clan beschützen musste. Sie rührt auch von einem ständigen Rivalitätsdruck, dem der Mann ausgesetzt war: Bin ich stärker als andere, habe ich bessere Fähigkeiten, werde ich als Leitfigur anerkannt?

Mit diesen Gedanken aus Urzeiten ziehen Männer heute in das moderne Berufsleben. Für sie ist das Business die Schlacht, die es zu gewinnen gilt. Männer wollen Macht, wollen etwas leisten, wollen kämpfen und Sieger sein!

5. Der Einschüchterer, der Verführer und der Kontrolleur

Ich habe anfangs von den drei Männertypen gesprochen, die sich im Laufe der Evolution herausgebildet haben und die noch immer in uns Kerlen schlummern: dem *Libido Mann*, dem *emotionalen Mann* und dem *intellektuellen Mann*. Es gibt darüber hinaus noch drei Charaktereigenschaften, die uns Männer prägen.

Da wäre der *Einschüchterer*:
Der Einschüchterer hat ein stark ausgeprägtes Dominanzstreben. Er will im Mittelpunkt stehen, will checken, wie stark er ist, und er will wissen, wie weit er gehen kann, bis eine Frau sich ihm widersetzt. Seine Wutausbrüche sind unberechenbar, seine Gegenwart beunruhigt, und seine Bedrohungssignale schüchtern ein. Sein Auftreten ist autoritär, er reagiert unflexibel, verletzt sein Gegenüber mit diskriminierenden Äußerungen und scheut sich notfalls auch nicht, Gewalt anzuwenden. Eine Frau, die sich auf ihn einlässt, hat von vornherein verloren. Warum? Weil er sie unterwerfen will!

Dann gibt es den *Verführer*:
„Ah", sagen Sie jetzt vielleicht und winken ab. „Den kenne ich zur Genüge." Tatsächlich tummelt sich der Verführer in zahlreichen Unternehmen und dort meist in exponierter Position. Er hat Charisma, ist stets charmant und hat bei all seiner Geschäftstüchtigkeit eine sinnliche Ausstrahlung. Er versteht es, Visionen zu erzeugen und Ideen zu verkaufen. Er weiß um den Zusammenhang von Neugier und Lust. Seine Präsenz und Haltung drücken aus: Du gefällst mir. Er meint es ehrlich – für den Moment. Doch Vorsicht, er ist ein Energievampir. Auch bei ihm ziehen Sie als Frau, wenn Sie sich auf ihn einlassen, stets den Kürzeren. Widerstehen Sie vor allem seinem Trick, *business* auf eine private sexuelle Ebene zu bringen.

Der dritte, den ich so sehe, ist der *Kontrolleur*:
Der Kontrolleur muss alles im Griff haben: die Menschen in seinem Team, die Arbeitsprozesse und Geschehnisse um ihn herum. Er agiert mit Druck, ist grundsätzlich skeptisch, neigt zum Sarkasmus, der aus einer hohen inneren Unzufriedenheit resultiert, ist selbstgerecht und manipuliert gerne. Er versucht seinem Gegenüber zu beweisen, dass nur er weiß, wo es langgeht. Sein Herumnörgeln ist demotivierend. Frauen lassen sich leicht von ihm einschüchtern, weil ihnen die Angst im Nacken sitzt, Fehler zu machen.

Erwarten Sie jetzt keine Hilfe von mir, wie Sie bei den jeweiligen Typen reagieren sollen. Dafür werden Sie, wenn Sie das Buch zu Ende gelesen haben werden, intuitiv ein Gespür entwickeln. Doch prägen Sie sich diese Spezies gut ein. Sie werden Ihnen während Ihrer beruflichen Laufbahn immer wieder begegnen (und nicht nur dort). Doch eines möchte ich vorwegsagen: Männer, die Geld, Macht und Erfolg nicht mit Ihnen teilen, sind uninteressant. Wenn Ihr Geschäftspartner oder Vorgesetzter partout nichts davon abgeben will, dann schauen Sie sich nach einem anderen um!

6. Wie ticken Männer und Frauen?

Wenn ich stark verallgemeinere und alles in Schwarz-Weiß-Bildern zeichne, ist es eigentlich ganz einfach: „Frauen haben einen achtspurigen Highway, um ihre Gefühle auszudrücken, Männer nur eine Landstraße." Diese Aussage stammt von der amerikanischen Neuropsychologin Louann Brizendine, die kürzlich herausfand, dass das weibliche Gehirn über weitaus mehr Kommunikationszellen verfügt als das männliche. Unter diesen genetischen Vorbedingungen sei es eigentlich ausgeschlossen, dass Männer und Frauen sich auch nur ansatzweise verstehen.

Ich würde es mit meinen Worten wie folgt sagen:

Bei dem weiblichen Gehirn steuert die linke Hälfte das logische und zielgerichtete Denken. Die rechte Hälfte ist für das ästhetische Empfinden und die Gefühle verantwortlich. Beide Hälften sind durch eine verbindungsreiche Nervenbrücke eng miteinander verbunden. Die Grenzen zwischen den Funktionsbereichen sind fließend, und sprachliche und emotionale Fähigkeiten sind über beide Gehirnhälften verteilt und abrufbar.

Beim männlichen Gehirn (haha! ... hahaha!) sitzen die Sprache in der linken Gehirnhälfte und die Emotionen in der rechten. Es gibt weniger deutliche Nervenverbindungen zwischen den beiden Hälften, so dass Sprache und Gefühle kaum miteinander verbunden sind. Das ist eine komplett andere Story. Alles völlig anders aufgebaut!

Extrem ausgedrückt, also in Schwarz-Weiß gesprochen, kann die Frau beides: zielgerichtet denken und gleichzeitig Emotionen abrufen.

Der Mann hat da Schwierigkeiten. Er muss immer hin und her, hin und her ... Die Sprache passt einfach nicht zu seinen Empfindungen. Eine Hälfte ist immer ausgeschaltet. Deshalb reden Männer so ungern über Gefühle, denn – es funktioniert einfach nicht.

Bei Frauen dagegen sind immer Gefühle im Spiel. Frauen lieben es, über Gefühle zu reden! Eine Frau sagt zum Beispiel relativ schnell: „Ich liebe dich!" Für einen Mann wiegt diese Aussage schwer. Schwer! Wenn er es sagt, hängt er am Haken. Er opfert sich dann für die Frau auf, geht dazwischen, wenn der Säbelzahntiger naht, ist bereit, für sie zu sterben. Dann steckt er in der Beschützerrolle fest. Deshalb ist der Begriff für ihn eine Lebensentscheidung. „Ich liebe dich. Und weil ich dich liebe, beschütze ich dich bis ans Ende unseres Lebens, gehe sogar in den Tod für dich!"

Hier wird klar, dass bestimmte Wörter bei Männern und Frauen vollkommen unterschiedliche Empfindungen hervorrufen. Dass zum Beispiel das Wort „Liebe", welches laut Wikipedia für die „stärkste Zuneigung, die ein Mensch für einen anderen Menschen zu empfinden in der Lage ist" steht, für einen Mann eine komplett andere Bedeutung hat als für eine Frau. Er sieht sich hier in der Verantwortung, steht im Wort, während die Frau damit lediglich ihre Gefühle zum Ausdruck bringt.

Ich habe kürzlich einen Film über ein junges Liebespaar im Fernsehen gesehen. Er wollte nur mit ihr ins Bett, wollte coolen Sex haben. Sie jedoch fragte immer wieder: „Liebst du mich?" Die Antwort darauf war ihr wichtig, rundete für sie die Stimmung ab.

Er tat sich schwer, wirklich schwer, schließlich rang er sich dazu durch, es zu sagen. Aber wohlgefühlt hat er sich dabei überhaupt nicht. Verstehen Sie, was ich meine?

7. Weibliches Denken – männliches Denken

Weibliches Denken funktioniert intuitiv. Das wurde mir bewusst, als ich einmal einen Tag lang an einem Intuitionsseminar teilnahm. Ich war der einzige Mann unter sechs Frauen. Wir sollten die Augen schließen, unseren inneren Bildern, Empfindungen und Informationen, die wir empfingen, nachgehen, sie deuten und verstehen. Aber vor allem sollten wir lernen, unserer Intuition zu vertrauen und unser Bewusstsein zu erweitern.

Wenn ich von Intuition spreche, meine ich nicht das, was wir allgemein unter „Bauchgefühl" verstehen, sondern ich meine die Sprache der Seele – das Zwiegespräch zwischen unserem Höheren Selbst und unserem Bewusstsein.

Ich habe mich damals bemüht, wirklich, aber bei mir kam erst einmal nichts. Keine Bilder. Keine Empfindungen. Keine Informationen. Bei mir war alles schwarz! Und die Frauen um mich herum redeten und redeten, erzählten mit geschlossenen Augen die wildesten Storys. Ich kam mir vor, als säße ich vor einem Radiogerät und würde mir Hörspiele anhören, so bildlich war das Erzählte.

Resümee: Frauen bemerken in der Kommunikation die Zwischentöne, die wichtig sind, um beim Gesprächspartner unausgesprochene Empfindungen herauszuhören. Sie erspüren das, was zwischen dem Gesagten liegt.

Männliches Denken dagegen ist logisch. Ein Schritt folgt dem anderen. Das Denken ist prozessorientiert, ist schwarz oder weiß, ist Ja oder Nein.

8. Wie reden Frauen und Männer miteinander – und warum?

Stellen Sie sich vor, Frau und Mann sind zwei Automobile. Runzeln Sie jetzt nicht die Stirn, ich bin ein Mann, und ich liebe Autos. Für mich ist die Frau wie ein Wagen der Luxusklasse, ausgestattet mit allen Schikanen, die sich ein leidenschaftlicher Autofahrer nur wünscht. Wenn sich nun ein Kleinwagen danebenstellt, würde der vielleicht sagen: „Hm, tolles Auto!" Aber der wüsste gar nicht, welche vernetzten

Funktionen der Luxusschlitten hat, dass er zum Beispiel Verkehrszeichen lesen, sich mit elektronischer Vierradlenkung in die Kurve legen kann und durch ein Nachtsichtsystem eine Personenerkennung möglich ist. Für den ist das nur ein *größeres* Auto.

So etwa verhält es sich mit dem Mann. Der weiß gar nichts von den Funktionen einer Frau, dass sie sensitiv ist, intuitiv handelt und die Zwischentöne heraushören kann. Der erkennt vielleicht nicht einmal die Luxusklasse an, weil er sich nicht eingestehen will, dass seine PS-Zahl viel zu gering ist, um den dicken Maxe auf der Autobahn zu markieren. Beim Überholen wird der immer auf der Strecke bleiben. Verzeihung, wenn ich mich hier wieder des Synonyms eines Autos bediene. Aber so ist es doch, oder?

Wie redet nun so ein Kleinwagen mit einem Wagen der Luxusklasse und umgekehrt? Ehrlich gesagt frage ich mich gerade, ob Frauen und Männer unter diesen Umständen überhaupt miteinander reden sollten. Da kommt doch eh nichts bei rum. Zum Beispiel beim Sex.

Fragt der Mann: „Und, bist du gekommen? Wie oft? War ich gut?"

Die Frau, noch in ihrer Gefühlswelt gefangen, flüstert: „Ach, es war so schön, sooo schöön!"

Fragt er weiter: „Wie viele Liebhaber hast du vor mir gehabt? Wie doll hast du sie geliebt? So doll wie mich? Bin ich der Beste?"

Und sie wieder: „Ach, es war sooo schööön ..."

Ein anderes Beispiel. Fragt die Frau morgens ihren Mann: „Wie geht's?"

Antwortet er: „Gut!"

Kommt er abends nach Hause und fragt seine Frau: „Wie war dein Tag?"

Da erzählt sie ihm über die Kolleginnen im Job, Einkäufe, die sie erledigt hat, Begegnungen und Gedanken, die sie im

Laufe des Tages hatte. Sie erzählt lebhaft, mit Fantasie, hat Freude dabei und lässt kaum etwas aus.

Oder – letztes Beispiel: Der Mann hat einen lukrativen Abschluss gemacht, ist vielleicht sogar befördert worden und will von seiner Frau gelobt werden. Er schließt abends die Wohnungstür auf, legt den Mantel ab, und noch bevor er etwas sagen kann, redet die Frau auf ihn ein: dass die Waschmaschine kaputt ist, die Kinder die Schule geschwänzt haben und ihr Friseurtermin geplatzt ist. Sie erzählt ihm Dinge, die ihn im Moment nicht interessieren. Und er steht da, wie ein begossener Pudel mit wedelndem Schwanz, weil er gelobt werden will. Aber keiner interessiert sich für ihn.

Wäre es also doch besser zu schweigen? Ist es nicht einfacher, Männer zu manipulieren, als mit ihnen zu reden? Sollte man das Reden zwischen den Geschlechtern einfach abschaffen, wenn es dem Mann anscheinend nur um Quantität geht, während die Frau mit ihrem *storytelling* auf Qualität setzt?

Nein, natürlich nicht. Denn der Grund, warum Frauen und Männer überhaupt miteinander reden, ist ein ökonomischer, ein finanzieller Grund. Denn in vielen Bereichen haben Männer noch immer das Sagen über das *große* Geld, sei es als Alleinverdiener, Hauptverdiener, als Boss, der Leute einstellt und wieder feuert, als Finanzier oder Anteilseigener.

Wenn eine Frau ihren Mann in einer Beziehung pflegt, ist er erfolgreich und verdient gut. Tritt sie ihm jedoch gegen das Schienbein, bildlich gesprochen, meidet er es womöglich, früh nach Hause zu kommen, geht vorher lieber in eine Kneipe oder zum Sport, zieht sich innerlich zurück, reagiert gereizt und bringt nicht genügend Kohle nach Hause. Er ist demotiviert.

Übertragen auf die Berufswelt bedeutet das: Wenn eine weibliche Fach- oder Führungskraft ihren Geschäftspartner oder Vorgesetzten pflegt, ist er erfolgreich, macht die Firma, Abteilung oder das Geschäft guten Umsatz, verdienen die

Mitarbeiter mehr Geld, weil es zusätzliche Gratifikationen und Prämienzahlungen gibt. Motiviert sie ihn aber nicht, sondern wirft ihm vermeintliche Fehlentscheidungen vor, begegnet ihm ruppig oder lässt gar durchblicken, dass er für sie eine Null ist, wird er sich mehr und mehr verschließen und der Umsatz geht zurück, weil die Stimmung leidet.

Ich höre die Feministinnen unter Ihnen jetzt förmlich aufschreien: „Unsere Mütter haben doch nicht für die Gleichberechtigung gekämpft, damit wir jetzt wieder das Weibchen spielen! Männer *pflegen*, pah!"

Okay, lassen Sie uns den Pflegegedanken vergessen. Was halten Sie von *trainieren*? Ein gutes Rennpferd muss die Besitzerin sowohl pflegen als auch trainieren, damit es optimale Leistungen bringt. Dabei behält sie die Zügel immer in der Hand! Und wenn Sie sich mit dem Tiervergleich anfreunden können, auf Seite 42 gibt es mehr davon.

Wie sprechen nun Frauen und Männer?

Frauen sprechen qualitativ. Frage ich eine Frau: „Wie war der Urlaub?", so erzählt sie mir detailreich, wie die Anfahrt war, das Hotel aussah, welch schöne *Candle-Light-Dinner* und herrliche Sonnenuntergänge sie erlebt hat; sie berichtet über den Strand, die Einkaufsmöglichkeiten und Menschen dort, die sie getroffen hat.

Männer dagegen sprechen quantitativ. Auf die gleiche Frage sagt mir ein Mann höchstens, wie lange der Urlaub gedauert hat. In jedem Fall erfahre ich, wie teuer er war. Das ist ein Sprachmuster. Er kann nicht anders. Wie viel Geld kam herein, und wie viel Geld habe ich wieder ausgegeben? Der *cash flow*, sein Lieblingsthema. Eine Frau muss das wissen, sonst wird es in der Kommunikation immer Konflikte geben, weil sie sein ewiges Gerede um Geld, seine knappen Sätze oder gar sein Schweigen missversteht. Und vergessen Sie nicht: Wo eine Frau tief in ihrem Inneren Gefühle wie Liebe, Hoffnung und Leidenschaft in sich trägt, hat der Mann eine Registrierkasse!

Wenn Sie als Frau von einem Mann etwas wollen, müssen Sie seine Sprache und seine Regeln kennen: die Männersprache, die Männerregeln, die Männerspielregeln. Und wenn Sie dann mit ihm sprechen, bitte klar, knapp und direkt. Keine Andeutungen. Kein vorwurfsvoller Unterton. Keine komplizierten Vorreden, langen Sätze und ausschweifenden Erklärungen. Kein *storytelling*. Sagen Sie einfach, was Sie wollen. Das kommt an. Das ist professionell. Dann haben Sie mit einem Mann gesprochen.

Sprechen Sie aber nur mit einem Mann, wenn er zugänglich ist, also nicht abgelenkt ist oder sich gerade auf dem Sprung befindet. Bedenken Sie: der Mann ist nicht *multitasking*-fähig. Zu viel auf einmal, sich aufdrängen, dazwischenfunken ... all das macht keinen Sinn. Vereinbaren Sie lieber einen neuen Termin und sehen Sie zu, dass er dann nicht abgelenkt ist, Sie also in einer Umgebung zusammentreffen, in der Sie mit kühlem Kopf agieren können.

Ganz wichtig bei einem Mann: Wort halten! Überlegen Sie ganz genau, bevor Sie eine Zusage geben. Er verlässt sich darauf. Wenn Sie Ihr Wort nicht halten, ist es mit der guten Zusammenarbeit vorbei.

9. Zwanzig – sechzig – zwanzig

Ich möchte jetzt über Frauen sprechen. Ausschließlich über Frauen, so wie ich sie sehe. Gesellschaftlich gesehen gibt es eine Normverteilung von zwanzig – sechzig – zwanzig.

Die oberen zwanzig Prozent sind Frauen, die mit den Männern das saubere Spiel spielen, das, wozu ich alle Frauen motivieren möchte. **Diese Frauen sind reich.** Reich an Geld, Gesundheit, Selbstbewusstsein, Wissen, innerer Zufriedenheit und gesellschaftlichen Kontakten. Sie sind beruflich erfolgreich, haben einen gut verdienenden Partner oder Ehemann, einen Geschäftspartner oder Vorgesetzten, der Freude an seiner Arbeit hat, und Kolleginnen und Kollegen, mit denen sie sich gut verstehen. Sie stehen voll im Leben, haben Spaß, machen ihr Ding. *No drama. No feelings.* Wichtig ist: *No drama!* Also keine Szenen und dramatischen Auftritte. Dafür guten Sex, denn ein erfülltes Sexualleben ist wichtig für das seelische und körperliche Gleichgewicht.

Dann gibt es den großen Part in der Mitte, die sechzig Prozent. Diese Frauen haben ein bisschen *drama*, ein bisschen *feelings* und einen Partner oder Ehemann, der nur an sie denken soll. Sie sind nicht wirklich selbstbewusst, zweifeln oft an sich und sind relativ unzufrieden.

Diese Frauen haben recht. In den Auseinandersetzungen und Diskussionen versuchen sie, sich durchzusetzen. Oft eskaliert dann die Situation, da sie unnachgiebig auf ihrem Standpunkt beharren.

Doch Achtung: Prinzipien sind keine Regeln. Sie zeigen keineswegs Souveränität und haben meist mit Auflehnung zu tun. „Ich mache das prinzipiell so und so ...!", Sie kennen vielleicht solche Aussagen, die jegliche Diskussion im Keim ersticken.

Im Berufsleben ecken diese Frauen oft an. Ihre Geschäftspartner und Vorgesetzten betrachten sie mit Argwohn, und bei den Kolleginnen und Kollegen sind sie nicht gerade beliebt. Denn sie wollen ja immer ihre Prinzipien durchsetzen.

Die Lebenspartner solcher Frauen sind oft frustriert und bringen nicht die berufliche Leistung, die sie bringen könnten. Die Kommunikation in der Beziehung geht, wenn wir mal das binäre System anwenden, ziemlich oft auf AUS. Zur Strafe für den Mann gibt es dann keinen Sex. Kein Sex bedeutet für ihn keine Nähe, keine menschliche Wärme und keine Streicheleinheiten. Bedeutet: kein Benzin!

Es findet – für beide Seiten – keine Entspannung statt. Doch ohne Entspannung keine innere Ausgeglichenheit und ohne innere Ausgeglichenheit kein Erfolg. Denn ich kann recht haben oder reich sein. Beides geht nicht. Die unteren zwanzig Prozent sind Frauen, **die für einen Mann ein Albtraum sind**. Sie sind mit sich und der Welt nicht zufrieden, reden schlecht über ihre Männer und Kinder, schimpfen ständig und nörgeln an allem herum. Die wollen alles BEKOMMEN aber nichts GEBEN. Sozialleistungen oder Hartz IV sehen sie als etwas Selbstverständliches an. Beruflich halten sie sich mit einfachen Jobs oder Gelegenheitsarbeiten über Wasser. Und wenn sie versagen, sind immer die anderen schuld.

Die Männer dieser Frauen haben nicht selten psychische Probleme. Viele trinken oder werden schnell gewalttätig, weil sie es in der Beziehung kaum aushalten. Viel *drama*. Wenig Geld. Kein Sex. Diese Männer denken an alle anderen Frauen, nur nicht an ihre eigene.

Und ... zu welcher Gruppe zählen Sie sich?

Betrachten wir diese drei Gruppen, gibt es nur einen Unterschied: Wie geht die jeweilige Frau mit ihrem Mann um? Wie trainiert sie ihn? Wie spielt sie mit ihm ihr Spiel? Meckert sie ihn an, streitet sie mit ihm und sagt, dass er eine Flasche ist? Beharrt sie auf ihren Prinzipien? Oder macht sie ihr Ding, spielt das Spiel nach ihren eigenen Regeln und lässt ihn mitspielen?

Glauben Sie mir, die Sache mit dem Sex ist soooo wichtig! Die Libido ist das Benzin des Mannes! Ohne Benzin stottert sein Motor. Und wenn sein Tank gar leergefahren ist, bleibt er stehen und macht schlapp. Machen Sie seinen Tank voll und somit seine Lampe AN!

Noch einmal: Du kannst recht haben oder reich sein! Prinzipien durchsetzen um jeden Preis bringt Sie nicht voran. Natürlich gibt es Situationen, die nicht verhandelbar sind, wo Sie als Frau sowohl in Ihrer Partnerschaft als auch im Geschäftsleben um Ihre Rechte kämpfen müssen. Wo es keine Spielräume gibt. Wo die Rahmenbedingungen nun mal sind, wie sie sind. Doch bleiben Sie gelassen. Verzichten Sie auf kämpferisches Auftreten, denn das erzeugt nur Widerstand. Und was nützt Ihnen ein Beharren, das bei Ihrem Partner oder Geschäftspartner lediglich ein ungutes Gefühl, aber keinerlei Respekt zurücklässt?

10. Taktieren oder diplomatisch sein?

Erfolgreiche Manager und Managerinnen taktieren oft, um ihre Ziele zu erreichen. Positiv ausgedrückt könnten wir auch sagen: Sie gehen diplomatisch vor. Zunächst beobachten sie, bauen eine Verbindung auf, und erst dann gehen sie in Verhandlungen. Henry Ford sagte einmal sinngemäß, dass es ein Geheimnis des Erfolges sei, den Standpunkt des anderen zu verstehen und die Dinge mit seinen Augen zu sehen. Kurz: sie observieren – geben *feedback* – erkennen an.

Der springende Punkt beim **Observieren** ist die Neutralität, keine Interpretation zuzulassen. Das zu sehen, was auch andere sehen könnten. Zu erkennen, wie der Mensch gerade drauf ist. Hierbei ist wichtig, dem anderen ins Gesicht zu schauen. Denn das Gesicht ist der Spiegel unserer inneren Befindlichkeiten. Dabei steht die linke Seite für Logik und die rechte für unsere Emotionen.

Ich lasse in meinen Trainings die Teilnehmer sich hierzu gegenüberstellen und mit einer Hand eine Gesichtshälfte verdecken. Sie müssen sich erst einmal nur gegenseitig angucken – gucken, nur gucken. So neutral wie möglich. Nach einiger Zeit stellen sie ganz unweigerlich Unterschiede fest.

Wenn wir uns gegenübersäßen, Sie als Leserin und ich als Ihr Mentor, und ich würde Ihnen von meinem Auto erzählen, das ich wirklich toll finde und von dem ich begeistert bin, dann würde mir Ihre rechte Gesichtshälfte wahrscheinlich relativ schnell Langeweile verraten. Wenn ich dann aber sage: „Ich lade Sie zu einem Urlaub auf Ibiza ein!", würden Sie hellwach. Zumindest würde Ihre rechte Gesichtshälfte mehr Begeisterung zeigen. Sinn und Zweck dieser Übung ist, zu erkennen, ob mein Gegenüber Interesse an mir und meinen Ausführungen hat. Ob ich ihn AN-schalten kann! Wenn Sie nun einige Zeit geübt haben und das Observieren beherrschen, können Sie dem entsprechenden Menschen *feedback* geben. Nun gibt es zig *feedback*-Regeln, doch ich meine *feedback*, das nicht für einen längeren Zeitraum gegeben wird, sondern auf den Augenblick hin zielt. Ich gebe Anerkennung für das, was ich gerade sehe. Ohne Diagnose. Ohne Interpretation. Ich erkenne an.

Anerkennung schmeichelt nicht. „Sie tragen heute hübsche Ohrringe", klingt nett und schadet als ehrlich gemeintes Kompliment nicht. Anerkennung jedoch zielt darauf ab, was ich gerade sehe: „Sie haben heute eine Menge Arbeit auf dem Schreibtisch." Ich erkenne an, dass meine Kollegin viel zu erledigen hat und konzentriert sein muss. Ich könnte auch sagen, wenn sie vergessen hat, einen Brief für mich zu schreiben: „Ich weiß, Sie haben heute viel Stress!" So eine Feststellung wirkt oft Wunder und drückt Ihr Mitgefühl aus.

Noch einmal: Observation ist keine Spionage, sondern lässt erkennen, wie der Mensch gerade drauf ist, völlig neutral. *Feedback* geben ist keine Diagnose und Interpretation. Anerkennung ist kein Lob, sondern eine Feststellung der derzeitigen Situation. Alles zusammen sind starke Werkzeuge für beruflichen Erfolg.

Wenn Sie lernen zu observieren, können Sie die Menschen erkennen, auf die Sie sich einlassen. Der Typ, der sich bei einer Präsentation an den Rand stellt und erst einmal beobachtet, wird auch im Geschäftsleben wachsam und vorsichtig sein. Derjenige, um den sich alle scharen, wird auch geschäftlich gerne im Mittelpunkt stehen. Und der, der beim Bezahlen das Trinkgeld für die Bedienung unterschlägt, wird auch sonst in erster Linie an seinen Vorteil denken.

Wenn Sie nun wissen, wie der andere tickt, können Sie Ihr Wissen zu Ihrem Vorteil nutzen. Insbesondere dann, wenn sich die geschäftlichen Verhandlungen verhärtet haben, Ihr Gesprächspartner also nicht nachgeben will. Jetzt kommt *yielding* zur Anwendung, Sie kennen vielleicht diesen Begriff als eine Art des Führens (*leading*).

Es gibt hierzu eine Workshop-Übung: Zwei Personen stehen Rücken an Rücken. Jeder guckt sich einen Ort aus, an den er den anderen hinschieben will, ohne dabei den Körperkontakt zu verlieren. Nun starten beide – treten, schieben, stöhnen ... Es funktioniert einfach nicht.

Die Lösung ist, ich gebe nach! Während der andere mich mit all seinen Kräften schiebt, fange ich an, sozusagen durch sanftes Gegenschieben, ihn in die Richtung zu bringen, in die ich ihn haben will. Ich habe ja beobachtet, weiß, wie er tickt. Nichts geschieht mit Druck, alles verläuft elegant und mit einer gewissen Leichtigkeit. So entsteht Vertrauen.

Unter uns: Mit dem Mann ist es einfach. So einfach! Sie brauchen nicht RECHT HABEN und mit all Ihrer Kraft gegenhalten. Sie kriegen ihn als Frau schon in die Richtung, in die Sie ihn haben wollen, völlig sanft. Sie wissen doch: Sie können recht haben oder reich sein.

11. Die wichtigsten Verhaltenseigenschaften auf einen Blick

Frauen sind anders, Männer auch. Das wissen wir. Aber was machen die Unterschiede aus? Hier die wichtigsten auf einen Blick:

Frauen sind beziehungsorientiert und wollen gemocht werden. Sie sind auf Wohlfühlen und Fürsorge aus und

33

möchten, dass es allen gutgeht. Ihr Denken und Handeln schließt immer die ihnen wichtigen Personen mit ein. Männer sind statusorientiert, sie wollen der Größte, Beste und Schnellste sein. Sie sind zielstrebig, auf Leistung fokussiert und wollen in erster Linie ihren Job erledigen.

Frauen bevorzugen eine stark verbindende Kommunikation und arbeiten gerne in Netzwerken. Rangordnungsspiele sind ihnen zuwider, ebenso Dominiergehabe. Wenn sie reden, brauchen sie Blickkontakt, ansonsten werten sie es als Desinteresse. Ihre Sprache ist immer verbindlich.

Männer haben eine stark abgrenzende Kommunikation. Sie brauchen eine Rangordnung und Hierarchien. Sie dominieren gerne. Männer kommen während eines Gesprächs ohne Blickkontakt aus. Ihre Sprache ist eher eine Befehlssprache.

Frauen sprechen oft nicht direkt, arbeiten mit Andeutungen und neigen dazu zu umschreiben. Sie setzen ihr Wissen nicht als Machtmittel ein, spielen es eher sogar herunter.

Männer nutzen ihr Wissen durchaus als Zeichen der Macht. Sie geben klare Anweisungen.

Wenn beispielsweise an einem Projekt gearbeitet wird und Termine ins Wanken kommen, bekommt der Mann von seinem Vorgesetzten gesagt: „Du, pass mal auf, mir ist sch...egal, wie du das machst, aber bis zum Soundsovielten ist das fertig! Komm endlich in die Hufe und mach!"

Wenn so mit einer Frau gesprochen würde, wäre das wie Dachlatte vor den Kopf. Sie wäre zerknirscht, würde versuchen sich zu rechtfertigen und ausführlich erklären, dass das alles nicht so einfach sei, denn der Betriebsrat müsse informiert, ein Pressetext verfasst und ein Meeting einberufen werden. Gleichzeitig würde sie mit sich hadern, sich fragen, was sie womöglich falsch gemacht hat.

Tatsächlich nehmen Frauen vieles persönlich, sie bekommen schnell Selbstzweifel und werten sich ab. Kritik nehmen sie sich zu Herzen, sehen sie oft sogar als Angriff auf ihre

Persönlichkeit oder als Verlust von zwischenmenschlichen Beziehungen. Dabei hat der Kollege oder Chef mit seinem Drängen auf „Einhaltung des Termins" nicht die geschäftliche Beziehung infrage gestellt. Es geht nur um den Termin. Nur darum. Männer dagegen sehen Kritik als Rückmeldung, eine Sache noch besser zu machen – zum Beispiel den Termin unbedingt einzuhalten. Für sie ist das ein Spiel: „Und ich schaffe es doch!" Seit jeher wurden Männer in der Gesellschaft wertgeschätzt. Vielleicht sind ihnen deshalb Selbstzweifel eher fremd.

Frauen sind meist die Erlediger von Aufgaben. Sie sind die fleißigen Arbeitsbienen, die das Ganze sehen und alles, was gemacht werden soll, die zuarbeiten, vorarbeiten, ausarbeiten, nacharbeiten, recherchieren, motivieren ...

Männer delegieren gern, schieben Sachen weg, weil sie sie vom Tisch haben wollen, und nehmen ganz selbstverständlich hin, dass die Geschäftspartnerin oder Assistentin vielleicht dafür Überstunden machen muss. Sie sind gewohnt, dass man sich um sie kümmert und ihnen hilft. Und sie sind prestigeträchtig. Ich muss als Mann selbst manchmal grinsen, wenn ich mir bei Projekten die Visitenkarten angucke. Da gibt es einen Projektleiter, natürlich, demnach müssten alle anderen Projekt*arbeiter* heißen. Heißen sie aber nicht, sondern sie nennen sich: Projektleiter Bauabschnitt Sowieso, Projektleiter Marketing, Projektleiter Kooperationspartner und so weiter.

Frauen wollen alles perfekt machen und verzetteln sich daher oft.

Männer konzentrieren sich auf das Wesentliche. Wenn etwas schiefgeht, dann geht es eben schief.

Frauen lieben es, Geschichten zu erzählen. *Storytelling.* Sie legen ihre Gedanken und Gefühle im Gespräch offen. Wie wir an dem Beispiel des Termindrucks gesehen haben, belässt sie es nicht dabei, einfach zu sagen: „Okay Chef!", sondern sie zählt alle Umstände auf, die zu berücksichtigen sind, wenn sie jetzt verstärkt in Aktion treten muss.

Männer sind eher wortkarg. Doch sie berichten gerne über Herausforderungen und Abenteuer, über etwas, das sie unter Einsatz all ihrer Kräfte durchgestanden haben. Mein Onkel Herbert, verheiratet mit Tante Ingeborg, die ich später noch einmal erwähnen werde, erzählte mir als Kind oft vom Zweiten Weltkrieg. Es klang in meinen Ohren wie Geschichten aus einem Abenteuerroman, auch wenn es oft ganz schreckliche Dinge waren.

Frauen bevorzugen den Aufenthalt im Team oder in Gruppen ohne Hierarchien. Sie knüpfen Beziehungen. Dabei geht es ihnen in erster Linie um die Atmosphäre, ein Hervorstechen aus der Gruppe ist für sie nicht wichtig.

Männer lieben Spiele und Spielregeln. Es geht ihnen ums Gewinnen oder Verlieren. Sie wollen aus der Masse herausragen und Sieger sein.

In einem Meeting, in dem alle Mitarbeiter bereits warten und der Chef kommt herein, sind es vor allem die Männer, die sofort versuchen, sich zu profilieren und die Aufmerksamkeit auf sich zu ziehen. Den Frauen ist das meist erst einmal völlig egal. Die gucken, ob die Atmosphäre noch stimmig ist.

Frauen brauchen Aufmerksamkeit und Verständnis. Kommt Druck auf, wird die Arbeit zu viel oder gibt es Probleme, will die Frau darüber sprechen.

Männer brauchen Anerkennung und Bewunderung. Bei Druck geht der Mann unweigerlich in Kampfhaltung.

Frauen sehen Geld als Mittel zum Zweck an, es gibt ihnen Sicherheit.

Männer wollen Geld besitzen, weil es ihnen Macht und Anerkennung bringt.

12. Frauen willkommen

Wenn man um die Unterschiede weiß, sind Frauen in der Businesswelt sehr willkommen. Aber die Männer können jetzt nicht sagen: „Wir haben gewaltige Defizite in puncto Sozialverhalten, Kommunikationsstärke, Flexibilität und Teamgeist, also ihr lieben Frauen, dann kommt mal!" Die würden sich ja Zacken aus ihren Kronen brechen. Dabei fehlen kompetente, gut ausgebildete Frauen in Führungspositionen, es fehlt an „Material".

Einer Studie nach sollen Frauen, die mittlerweile im mittleren und Top-Management arbeiten, ihre Karrieren oft nicht bewusst geplant haben. Eine Karriereberaterin meint sogar, dass viele Frauen einfach nicht wüssten, was sie wollten, dass sie Angst hätten vor dem nächsten Berufsschritt und sich im Vorfeld zu viele Gedanken machen würden, während Männer erst mal nur an den nächsten Schritt denken. Auch seien Frauen beim Firmenwechsel zu zögerlich, scheuten Risiken und kämen so nicht vom Fleck.

Meiner Meinung nach liegt es jedoch eher an dem Versuch der Anpassung. Frauen werden zu sehr *männermäßig* sozialisiert und Männer zu sehr *frauenmäßig*. Wo bleibt die gegenseitige Anziehungskraft, der Magnetismus? Sie geht durch die Sozialisierung immer mehr verloren! Die Neugier wird ausgeschaltet, der Antrieb auf das Entdecken von Neuem. Wir sind zwar gespannt auf aktuelle Filme, fremde Länder und die neueste Mode, doch unsere innere grundlegende Neugierde ist einfach weg. Wenn ich aber das Interesse an meinen Mitmenschen verliere, werde ich selbst uninteressant für andere.

Und da ist noch etwas. Frauen gehen in den Geschichtsunterricht und lernen, dass die Geschichte der Menschheit nur aus Kriegen besteht, von Männern verursacht. Das ist (Englisch: HISTORY) HIS STORY. Aber nicht HER STORY.

Muss die Geschichte der Frau erst noch geschrieben werden?
Was meinen Sie?

Resümee: Es ist Zeit für Frauen im Top-Business. Die Geschäftswelt braucht die Beziehungsfähigkeit der Frau, ihren „Radar" und ihre Weitsicht.

Früher konnten Männer im Verborgenen ihr Spiel spielen. Wenn in den 1970er Jahren irgendwo eine feindliche Firmenübernahme war, ein Projekt schlecht abgewickelt wurde oder eine Kündigungswelle drohte, hat das meist nur die Presse im direkten Umfeld aufgegriffen. Heute geht ein solches Vorhaben sofort durch alle Medien, Multi-Media-Kanäle und sozialen Netzwerke. Deshalb ist es wichtig, das Männerspiel durch die Fähigkeiten der Frau zu ergänzen. Die Zeit ist reif!

Teil 2

Wie kann ich als Frau mit diesem Wissen *business* machen, mir meine eigenen Regeln schaffen und erfolgreich sein?

1. Die Macht der Frauen

Wie spiele ich das Spiel, so dass ich gleichberechtigt mitspielen kann, von einem Mann das bekomme, was ich möchte, und sich beide gut dabei fühlen? Bei diesem Spiel kann ich effektiv sein, gutes Geld verdienen, viel Spaß und guten Sex haben – oder ich kann ineffektiv sein. Dann ist alles frustrierend, traurig, meckerig, dann gibt es nur Kritik und Bestrafung. Frauen sind sich ihrer Macht über Männer nicht bewusst! Ich kann das nur wieder aus der Sexualität heraus betrachten. Das soll jetzt kein Sexbuch werden, aber wenn ich heute Abend mit Ihnen ausgehen würde, um eine Aufgabe zu lösen, nämlich die, jemanden zu finden, um mit ihm ins Bett zu gehen, ansonsten würden wir bestraft, geköpft, was weiß ich …, dann lägen die Chancen für Sie als Frau bei einhundert Prozent. Ich als Mann hätte – ohne Bezahlung – ganz schlechte Karten. Die Frau wählt aus!

Nehmen wir zum Beispiel das Ei und die Spermien. Kommt das Ei raus und sucht sich die Spermien? Nein! Was macht das Ei? Es sitzt da, ist auf Empfang geschaltet, wartet und entscheidet, wer rein darf und wer nicht. Das Ei wählt aus. Im übertragenen Sinne ist es also wieder die Frau, die bestimmt, wo es langgeht.

Es gibt da die Geschichte vom Bürgermeister und seiner Frau. Sagt er, während er mit ihr zu einem Empfang geht: „Du guck mal, dort ist der Emil. Wenn du den geheiratet hättest, wärst du jetzt die Frau des Klempners." Guckt sie ihn von der Seite an und sagt: „Nee, nee, mein Lieber, dann wäre der Bürgermeister geworden!"

Verstehen Sie, was ich meine, wenn ich von der Macht der Frau spreche?

41

2. Lob – Anerkennung – Belohnung

Ich habe mir kürzlich einen amerikanischen Film aus dem Jahre 1962 angesehen: *If a man answers*. In der deutschen Übersetzung heißt er: *Gefrühstückt wird zu Hause*. In den Hauptrollen spielen Sandra Dee, Bod Darin und Micheline Presle. Es geht um eine junge Amerikanerin, die mit einem Fotografen zusammenlebt. Nach einiger Zeit beginnt es in der Beziehung zu kriseln, und sie fragt ihre französische Mutter, eine erfolgreiche, patente und aufgeschlossene Frau, um Rat. Diese gibt ihrer Tochter ein Buch über Hundetraining. Es ist ein einfaches Buch mit einfachen Regeln, das auf LOB, ANERKENNUNG und BELOHNUNG beruht. Das nun soll die Tochter auf die Beziehung übertragen. Im Film zeigt diese Vorgehensweise zunächst erstaunlichen Erfolg. Die Beziehung lebt auf, und der Fotograf hebt beruflich förmlich ab. Bis er eines Tages das Hundebuch entdeckt ... Ich will nicht zu viel verraten, falls Sie sich den Film auf DVD ansehen möchten, aber danach geht es erst mal wieder bergab. Die Entdeckung macht ihm zu schaffen und nagt an seinem Selbstwertgefühl. Er – behandelt wie ein Hund.

Es ist so einfach mit uns Männern, so einfach! Wenn frau nur weiß, WIE sie mit uns Kerlen umzugehen hat. Sie muss sich nicht verstellen, muss nicht das Weibchen spielen, soll ganz sie selbst sein. Nur sie muss eines tun. Statt ständig zu nörgeln, zu reglementieren und zu meckern: LOBEN, ANERKENNEN und BELOHNEN.

Das ist das, was ich im ersten Teil des Buches mit „Pflege" meinte. Und weil ich ahnte, dass Ihnen dieser Begriff vielleicht nicht gefällt, einige Absätze später mit „trainieren" übersetzte. Sie behalten die Zügel, vielmehr, die Leine in der Hand. Sie haben das Sagen.

Heben Sie sich von Ihren Kolleginnen, Nachbarinnen und Freundinnen ab, agieren Sie anders! Intelligenter, weitsichtiger, extravaganter und somit erfolgreicher.

Sagen Sie Ihrem Partner mal wieder, dass ihm der blaue Anzug gut steht, dass er den Rasen toll gemäht hat und Sie es großartig finden, dass er die Einkäufe abends oft noch erledigt. Erkennen Sie an, dass er beruflich viel leistet und vorangekommen ist. Belohnen Sie ihn mit positiver Stimmung, einem Abend zu zweit, einem harmonischen Wochenende oder mit gutem Sex.

Hmm, denken Sie jetzt vielleicht, ich habe dieses Buch nicht gekauft, um meine Beziehung in die Gänge zu bringen, sondern weil ich beruflich vorankommen will.
Klar. Wir müssen das Prinzip von LOB, ANERKENNUNG und BELOHNUNG nur auf die Berufswelt übertragen. Tante Ingeborg sagte früher, als ich mein erstes Praktikum machte: „Vor deinem Chef brauchst du keinen Bammel haben. Stell ihn dir im Gespräch einfach in Unterhosen vor." Okay, das passt heutzutage vielleicht nicht mehr so gut, weil die meisten Männer unterm Anzug ziemlich flott gekleidet sind. Aber stellen Sie sich Ihren Geschäftspartner oder Boss als Hund vor. Von mir aus als Amerikanischen Staffordshire-Terrier, Norwegischen Buhund oder als Bordeauxdogge. Und dann überlegen Sie: „Mein Ehemann, Partner oder Geschäftspartner ist also ein Hund. Was macht einen guten Hund aus? Über was freut er sich? Was macht ihn bissig und aggressiv? Wie krieg ich ihn so weit, dass er das macht, was ich von ihm will?"
Versuchen Sie sich an alles zu erinnern, was Sie über Hunde und deren Erziehung wissen, und übertragen Sie es auf Ihren Partner oder Geschäftspartner. Kleine Kostprobe aus einer Welpenschule gefällig?
Beim Lernen von Kommandos dürfen Sie den Welpen nicht überfordern. Junge Hunde können sich nur fünf bis

zehn Minuten konzentrieren. *Daher mehrere kleine Übungsphasen am Tag einplanen. Der Gehorsam Ihres Welpen besteht aus Gewohnheit und Übung. Üben Sie daher in allen Lebenslagen und zu allen Gelegenheiten ...*

„Na ja", könnten Sie jetzt sagen. „Mein Geschäftspartner ist kein *junger Hund*, vielleicht ist er schon zu alt und begreift gar nichts mehr?"

Lassen Sie nichts unversucht. Und lassen Sie mich noch ein wenig bei der Hundeschule bleiben, denn ...

An einem gut erzogenen Hund haben Sie Freude und müssen sich nicht über ihn ärgern. Geben Sie ihm Bewegungsfreiheit. Lassen Sie ihn ohne Leine laufen, damit er sich austoben kann. Aber pfeifen Sie ihn rechtzeitig zurück.

Alles klar?

Auf uns Menschen übertragen bedeutet das: Gehen Sie mit gutem Beispiel voran, ganz selbstverständlich, ganz Frau. Sprechen Sie mit Ihrem Geschäftspartner oder Vorgesetzten eine klare Sprache. Treten Sie selbstbewusst und überzeugend auf. Loben Sie ihn für die Projektleitung, den Einsatz für die Mitarbeiter oder den Auftritt beim letzten Pressegespräch. Erkennen Sie sein Engagement und seine Position an – und belohnen Sie ihn ... nein, nicht mit Sex, natürlich nicht, aber mit einem Lächeln zwischendurch, Interesse an seinen Hobbys, und mit guter Laune und Spaß an der Arbeit. Zeigen Sie ihm, dass Sie gerne mit ihm zusammenarbeiten. Und setzen Sie dieses Verhalten bei den Menschen, die Ihnen zuarbeiten, fort. So entsteht ein angenehmes Betriebsklima, in dem Geld verdient wird und an dem die Mitarbeiter Freude haben. Trauen Sie sich. Männer wollen nicht nur Anerkennung und Bestätigung, sie lechzen danach.

So, liebe Leserin. Nun legen Sie das Buch kurz zur Seite, atmen einmal kräftig durch und lassen dann das Geschriebene Revue passieren. Und vielleicht stimmen Sie mir nach einer Pause zu, wenn ich sage:

Wenn in einem Business-System mit Kritik, Bestrafung und Dominanz gearbeitet wird, verliert das System Geld. Wenn mit Lob, Anerkennung und Belohnung gearbeitet wird, gewinnt es. Es zieht Geld an. Und wer hat das Gute-Atmosphäre-Gen im Blut? Die Frau!

3. Männer brauchen Sex, um erfolgreich zu sein

Ich sprach im ersten Teil dieses Buches über den zwei Millionen Jahre alten *Libido-Mann*, der in jedem von uns Männern steckt. Für diesen Mann ist Sex ganz wichtig. Man(n) muss Sex haben! Dieser Typ Mann möchte sich am liebsten gar nicht fest binden, möchte nicht heiraten. Da er aber mittlerweile sozialisiert ist und ganz viel Sex haben möchte, lässt er sich zähneknirschend auf eine feste Beziehung oder Heirat ein, fühlt sich dann aber schnell reglementiert und versucht auszubrechen.

Ich erinnere mich, wie meine Mutter erzählte, dass meine Großmutter immer wieder mahnte: „Männer wollen nur DAS EINE, pass auf!" Auf das binäre System übertragen heißt das: „Und weil das so ist, MACH IHN AUS!"

Aber seine Lampe auszumachen wäre fatal, denn er braucht Sex, um erfolgreich zu sein. Denken Sie hier an Persönlichkeiten wie Dale Carnegie, John F. Kennedy, Aristoteles Onassis, Bill Clinton ... Sie alle hatten und haben eine ausgeprägte Libido. Bei denen war und ist stets die Lampe AN.

Was aber soll ein Mann tun, wenn er mit einer Frau zusammen ist, die ihn reglementiert und sich seinen Wünschen nach Sex entzieht? Soll er sich selbst befriedigen? Keine optimale Lösung. Soll er sich eine Geliebte nehmen? Dann wird alles sehr kompliziert. Soll er in ein Bordell gehen, alleine – oder gemeinsam mit seiner Lebensgefährtin in Swingerklubs? Oh la la ...

Ob eine Beziehung funktioniert oder nicht, bestimmt ganz alleine die Frau, auch wenn es nach außen hin oft nicht so aussieht. Die Frau bestimmt über soziale Kontakte, über die Kommunikation, die gute Stimmung und den Sex. Sie bestimmt, wie erfolgreich eine Beziehung ist. Sie bestimmt die Karriere ihres Mannes!

Das klingt jetzt wieder nach einem Pflegegedanken. Sie pflegt ihn, damit er auf der Spur bleibt. Sie aber wissen mittlerweile, dass das so nicht gemeint ist, denn Sie trainieren ihn und halten ihn an der langen Leine. Und Sie haben gerne Sex. Zumindest wünsche ich mir, dass Sie gerne Sex haben! Eigentlich gehe ich davon aus, dass es so ist. Aber vielleicht trauen Sie sich nicht, zu Ihrer Lust zu stehen. Sex und Geld, pfui Teufel. Beides gilt in unserer Gesellschaft noch immer als anrüchig, dabei ist sowohl das eine als auch das andere wichtig und schön.

Doch ich sage Ihnen was: Frauen, die dazu stehen und es genießen, haben es verstanden. Die sind klug, gehen ihren Weg und leben nach ihren eigenen Regeln. Sie sind beruflich erfolgreich, verdienen gutes Geld, bewegen sich im Kreis anerkannter Persönlichkeiten. Diese Frauen sind als Geschäftspartnerinnen oder Managerinnen bei den Männern willkommen. Wer sich ihnen aber in den Weg stellt, sind oft Frauen selbst. Frauen, die das Spiel noch nicht begriffen haben. Sie reden schlecht über die neue Vorgesetzte oder Kollegin, suchen nach Fehlern, betreiben *storytelling* hinter vorgehaltener Hand. Da wird Rufmord betrieben, da werden Existenzen vernichtet. Das ist leider so.

4. Praktizieren Sie Sex zu Ihrem eigenen Vergnügen

Manche Männer wollen *eine* Frau, manche wollen mehrere Frauen, manche wollen einen Kerl. Egal. Hauptsache beim Mann bleibt die Lampe an. Zerstören Sie um Gottes willen seine Libido nicht. Ich kann das nur immer wieder betonen, weil es so wichtig ist. Denn er braucht die „Sinnesfreuden", um Geld zu verdienen und erfolgreich zu sein.

Suchen Sie sich einen Lebenspartner, der nur Sie will, und pflegen Sie mit ihm gemeinsam ein selbstbewusstes und genussvolles Liebesleben.

Zucken Sie jetzt zusammen oder fühlen sich gar unangenehm berührt? Das wäre fatal. Denn das ist eigentlich das ganze Geheimnis! Praktizieren Sie Sex zu Ihrem eigenen Vergnügen, und Sie werden von Ihrem Mann oder Lebenspartner bekommen, was Sie wollen. Kommunizieren Sie nonverbal, drücken Sie mit Ihrem Körper und Ihren Gefühlen aus, was sich oft so schwer mit Worten sagen lässt. Die nach einer heißen Liebesnacht ausgeschütteten Glückshormone sind nicht zu unterschätzen. Sie fühlen sich danach fit und ausgeglichen, und so nebenbei wird auch noch das Immunsystem gestärkt. Sprechen Sie durch Ihren Körper wie zu einem Menschen mit Ihrem Mann. In diesem Moment dürfen Sie das Hundebuch getrost einmal vergessen.

Und im *business*? Wenn Sie von Ihrem Geschäftspartner wissen, dass er seiner Frau nicht treu ist und möglicherweise Eskapaden hat, sehen Sie großzügig darüber hinweg und verurteilen Sie ihn nicht. Wichtig ist, bei ihm bleibt die Lampe AN!

5. Lassen Sie den Mann wild sein, aber ...

Gerade einflussreiche Männer haben eine ausgeprägte Libido, wir sprachen bereits darüber. Durch ihre Stellung und zahlreiche Geschäftsreisen, die für den Erfolg nötig sind, haben sie auch mehr Gelegenheiten, ihre Neigungen auszuleben. Macht wirkt auf (andere) Frauen anziehend!

Rümpfen Sie jetzt nicht die Nase. Wie Sie wissen, gibt es den stark ausgeprägten Sexualtrieb seit Millionen von Jahren und hat sich lange VOR Verstand und Feingefühl entwickelt. Seien Sie nachsichtig. Auf der Libido-Ebene sind Männer instinktgesteuert und einfach „nur" Tiere. Und da Sie nun wissen, wie ein Tier erzogen werden muss, sollte es Ihnen gefallen. Die Herausforderung ist, ihn wild sein zu lassen, aber dafür zu sorgen, dass er sich zu benehmen weiß.

Denn es kommt darauf an, wie der *Libido-Mann* selbst mit seinen Trieben umgeht. Erwartet er ganz selbstverständlich, dass ihm (alle) Frauen seine sexuellen Wünsche erfüllen? Verhält er sich skrupellos? Gibt er sich narzisstisch oder gar dreist? Oder begegnet er den Frauen mit Achtung und Respekt, sieht sie als gleichwertige Persönlichkeiten an?

Auch Ihr Geschäftspartner oder Vorgesetzter sollte wissen, wie er sich zu benehmen hat. Seine Lampe AN-zulassen, bedeutet für Sie als Frau, die Kommunikation AN-zuschalten und nicht auf AUS zu drücken. Über mögliche Eskapaden hinwegzusehen. Nicht zu urteilen oder eine vermeintliche Moral ins Spiel zu bringen. Sondern sich daran zu erfreuen, wenn er gut drauf ist und mit Freude seiner Arbeit nachgeht.

Und hier wären wir wieder beim Hundetrainingsbuch, dem *dog manual*: Lob, Anerkennung und Belohnung!

Aber Achtung: Bei aller Anerkennung und Belohnung. Sie müssen als weibliche Partnerin oder Mitarbeiterin, die vorankommen will, darauf achten, dass Ihr Kompagnon oder Chef mit Ihnen teilt: externes Lob, Gratifikationen, Status, Verantwortung ... Wenn er nichts vom Ergebnis, seiner *power* und seiner Macht abgeben will, dann sollten Sie sich schleunigst eine andere Konstellation suchen.

Das gilt auch für eine Lebenspartnerschaft. Eine Beziehung, in der nicht geteilt wird, ist meiner Meinung nach keine gute Beziehung. Da herrscht immer ein Ungleichgewicht. Das ist für mich ein ganz wichtiges Thema: *We make it and we share it.* Also fragen Sie sich: „Lässt er mich an seinem Erfolg partizipieren, oder nutzt er mich aus?" Wenn Sie das Gefühl haben, Sie sind sein Arbeitssklave, dann nichts wie weg!

6. Quantität Geld gegen Qualität Leben

Meine Tante Ingeborg sagte kürzlich, nachdem sie im Fernsehen einen Film über die Familie Grimaldi im Fürstentum Monaco gesehen hat, die bei einem eigentlich erfreulichen Anlass alle lange Gesichter zogen: „Geld macht nicht glücklich!" Sie sah diese Szene als Bestätigung ihrer Meinung: *Reiche Leute sind nicht glücklich.*

Ich glaube, dass viele Frauen so denken. Sie haben zwar nichts grundsätzlich gegen Geld, weil sie sich damit Wünsche erfüllen können, aber eigentlich ist es ihnen suspekt. Eine solche Einstellung vertreibt Erfolg, der durch Geld generiert wird, also Geld.

Einem Mann ist Geld keinesfalls suspekt. Wie wir aus der Historie wissen, hat Geld für einen Mann eine andere Bedeutung. Es ist Anreiz, Selbstbestätigung und Statussymbol.

Der Mann kontrolliert in erster Linie das Geld, das ist sein Spiel. Die Frau kontrolliert mehr oder weniger die Beziehung(en) und das Geldausgeben. Einer amerikanischen Studie nach, in der erforscht wurde, wer in erster Linie das Geld ausgibt, wurde über die Hälfte des verfügbaren Einkommens von Frauen verwaltet. Sie bestimmten, wie und für was es ausgegeben wird.

Wir können auch sagen: Die Frau kontrolliert das Geldausgeben, die Energie und Atmosphäre. Sie bestimmt, ob sich der Partner oder Geschäftspartner wohlfühlt oder nicht. Da steckt eine solche Macht dahinter! Um die sollte eine Frau wissen. Und diese Erkenntnis sollte sie sich immer wieder bewusst machen. Hier liegt der Schlüssel zum Erfolg, der sich in Euros materialisiert. Das ist der *deal:* Quantität Geld gegen Qualität Leben.

7. Ihre innere Einstellung zeigt sich durch Ihre Aura

Wenn Sie zum Beispiel von Ihrem Geschäftspartner denken: Oh Mann, ist das ein Blödmann!, strahlen Sie das aus. Oder wenn Sie morgens ins Büro kommen, schlechten Sex mit Ihrem Geliebten oder Ehemann hatten, Sie vielleicht vor der Fahrt in die Firma gestritten haben und Sie noch immer einen Flunsch ziehen, strahlen Sie das aus.

Wenn Sie in einen Raum kommen, in dem sich andere Menschen befinden, kann die Stimmung durch Ihren Auftritt gefrieren, oder Sie können erreichen, dass die Leute positiv auf Sie reagieren.

Wenn ich die menschliche Haut unter einer Wärmebildkamera betrachte, so erkenne ich nicht nur die Wärmestrahlen der obersten, sondern auch aller darunter liegenden Hautschichten.

Das meine ich mit Ausstrahlung. Nach außen hin versuchen Sie ein Pokerface aufzusetzen, aber die „Schichten" darunter *strahlen* und verraten Sie. Seien Sie sich dessen bewusst.

Sie als Frau können extrem Einfluss auf die Energie im Unternehmen nehmen. Wenn Sie positiv auf Ihren Geschäftspartner, Vorgesetzten, Ihre Mitarbeiter, auf Ihre Zulieferer und Kunden strahlen, dann ist die Firma, Abteilung, Kanzlei oder der Verkaufsbetrieb erfolgreich. Wenn Sie negativ strahlen, also unfreundlich, gereizt, launisch, kurz angebunden, flatterhaft und genervt sind – DANN NICHT. Dann tritt das Gegenteil ein.

Wenn ich als Mann in größerer Runde ein Angebot präsentiere, kann ich mit vielen Informationen punkten, vorausgesetzt, ich habe mich gut vorbereitet. Viele Frauen machen dann den Fehler und bereiten sich noch besser vor, gehen mit *noch mehr* Informationen in die Präsentation, weil sie versuchen, ihre Kompetenz rüberzubringen. Sie als Frau können jedoch mit Ihrer *power,* Ihrer Freude, Ihrer Attraktivität, Ihrem Charme, Ihrer Kommunikationsfähigkeit und Ihrem Einfühlungsvermögen einen viel wichtigeren Beitrag leisten, als nur Informationen zu vermitteln. Das ist Ihr Werkzeug. Das ist Ihre Macht! Das ist Ihr Spiel! Das ist Ihre Story!

Je mehr Sie als Frau Sie selbst sind und Ihr Frausein in vollen Zügen genießen, je authentischer Sie sind, desto bessere „Spieler" ziehen Sie an und umso erfolgreicher sind Sie. Wenn Sie einen *big fish* ziehen wollen, also einen Mann in wirklich hoher Position, einen, der ganz oben mitspielt, dann müssen Sie sich selbst richtig gut leiden können! Das gilt sowohl für den privaten als auch für den beruflichen Bereich. Dann bekommen Sie den attraktiveren und besser verdienenden (Ehe-)Mann, dann ist Ihr Geschäftspartner ein smarter Typ, der weiß, wo es langgeht, dann arbeiten Sie für den Boss, der im Top-Management das Sagen hat.

Also: Disqualifiziere dich nicht. Setze keine Maske auf und fange nicht an zu dominieren. Sei einfach du selbst. Hab deine Story. Erfreu dich an dir und deinem Frausein. Geh deinen Weg, und mach deine eigenen Regeln, nach denen dann gemeinsam gespielt wird.

Und nicht vergessen: Mit wem auch immer Sie zusammenarbeiten, machen Sie ihn NICHT AUS!

Teil 3

Die Gefühlswelt von Männern und Frauen kennen. Sich selbst kennen!

1. Rein in die Tristesse, raus aus der Tristesse

In diesem Buch sollen Sie nicht nur lernen, mit Männern richtig umzugehen, deren Spiel zu verstehen und sich dann Ihre eigenen Regeln zu machen, nach denen gemeinsam gespielt wird. Sie sollen auch den Weg der Tristesse, die im Laufe eines Lebens unweigerlich entsteht, aufhalten. Ihre Tristesse!

Am Anfang ist alles gut. Ein Baby fühlt sich im Mutterleib geborgen. Es liegt weich auf dem Polster des Fruchtwassers, schwebt schwerelos im siebenunddreißig Grad warmen Wasser und vermisst nichts.

Kommt es zur Welt und hat den Schock der Geburt verwunden, die ungewohnte Kälte und Luft auf der Haut, befindet es sich weiterhin im Zustand völliger Glückseligkeit. Das Kind lebt in einer Atmosphäre der Zuneigung und Liebe und wird nur unwirsch, wenn es Hunger hat oder seine Windel nass ist.

Später, wenn es seine Umwelt bereits wahrnehmen kann, fühlt es sich noch immer glücklich. Es lacht, wenn sich ihm ein vertrautes Gesicht nähert, und reagiert interessiert, wenn man ihm ein Spielzeug zeigt oder mit einer Rassel Geräusche macht. Kindergesichter strahlen, sie sind hell und voller Begeisterung.

Monate später wird schon mal gequengelt, wenn nicht alles gleich so klappt. Dann kommen die Eltern mit dem Schnuller, um den Kleinen zu beruhigen. Mit dem Schnuller im Mund ist die Welt des Kindes wieder heil. Fällt er heraus, weiß es, es muss nur laut genug schreien, dann kommt schon jemand, redet beruhigend auf es ein, steckt ihm den Schnuller zurück in den Mund, und die Glückseligkeit ist wieder hergestellt.

Im Laufe der Zeit entwickelt das Kind erste Talente. Es backt Kuchen aus Sand, baut mit Holzklötzchen Türme und greift zu Papier und Stift, zeichnet wild darauflos, einfach aus einer inneren Freude heraus. Stolz wie Oskar präsentiert es sein erstes Gemälde dem Vater, der Mutter oder Tante Ingeborg, die gerade zu Besuch ist, und erklärt freudestrahlend: „Ein Baum, ein Baum!"

Der Vater, die Mutter oder Tante Ingeborg betrachten interessiert das bemalte Blatt Papier. „Ach, ein Baum soll das sein?" Dann erklären sie dem Kleinen, dass die Zeichnung zwar ganz schön sei, aber eigentlich ein Baum seine Wurzeln nicht oben, sondern tief unten in der Erde hat, und die Blätter im Sommer grün und nicht dunkelblau sind. Und überhaupt müsste der Stamm stabiler gemalt werden, denn er hätte doch zahlreiche dicke und dünne Äste zu tragen.

Das ist der erste Schock im Leben unseres jungen Zeichengenies. Für seine Welt ist der Baum völlig in Ordnung. Nur in die Welt der anderen passt er nicht hinein. Der Kleine reagiert verunsichert, zweifelt an sich, will es das nächste Mal besser machen. Doch die Spontanität ist dahin. Er beginnt zu weinen, ist unglücklich über sein *unzureichendes* Talent. Der Vater, die Mutter oder die Tante trösten ihn, das würde schon noch werden. Leider ist er zu alt für den Schnuller.

Je älter das Kind wird, umso weniger funktioniert das mit dem Schreien und Weinen, von einem Schnuller zur Beruhigung ist schon lange keine Rede mehr. So versucht es artig zu sein, versucht leise zu sein, vielleicht weint es manchmal stumm in sich hinein. Doch es hofft, wenn es brav genug ist, dann bekommt es schon, was es will.

Hier kollidieren Emotionen und Vitalität. Die Lebendigkeit, Spontanität und Unbeschwertheit gehen im Laufe der Jahre immer mehr verloren. Gehen Sie mal in eine Vorschule und laufen den Gang entlang, an den Klassenräumen vorbei und konzentrieren sich dabei auf die Geräuschkulisse. Dort wird gelacht, vor Begeisterung gegrölt, da wird sich gekloppt und geneckt. Alles ist laut und lebendig. Auf den weiterführenden Schulen geht es schon ruhiger zu, trotzdem überwiegt noch die Vitalität und Lebensfreude. Besonders junge Mädchen kichern und lachen ständig. Alles erscheint irgendwie komisch, zum Totlachen, die Welt der Erwachsenen ist noch so weit weg. Dann schießen die Sexualhormone ein. Der junge Mensch ruft: „Ja, ja, ja!" Das „Nein, nein, nein!" der Eltern hallt wie ein Echo nach. Die Sozialisierung schreitet unerbittlich voran. Vitalität geht verloren.

Der gereifte Teenager entwickelt sich zu einer Person. Person von lateinisch *persona*, „Maske des Schauspielers", ein Begriff, der im dreizehnten Jahrhundert ins Deutsche übernommen wurde und der eigentlich schon alles sagt. Wir sind nicht mehr wir selbst, schlüpfen in Rollen als Teil unserer Identität, werden von den Medien geprägt. Lesen in Journalen, die uns sagen, wie wir uns zu frisieren, zu kleiden und zu benehmen haben. Doch dann entdeckt der junge Erwachsene, dass er die Musik, den Tanz und die Malerei liebt. Schließlich hat er als Kind schon gerne gezeichnet, mit Vorliebe Bäume mit blauen Blättern und Wurzeln, die in den Himmel ragen. „Wie wäre es", so fragt er, „wenn ich damit beruflich was machen würde?" Doch die Eltern reagieren entsetzt: „Das sind doch brotlose Künste, wie willst du denn Geld verdienen?"

So schreitet die Sozialisierung weiter voran, und die Vitalität geht immer mehr verloren.

Und dann, schon bald, beginnt DAS RICHTIGE LEBEN. Der erwachsene Mensch wird vom Täter zum Zuschauer. Er sitzt abends vor dem Fernseher und guckt zu, wie dort musiziert und getanzt wird, sieht sich Dokumentationen über berühmte Maler an. Einen Pinsel hat er schon lange nicht mehr in Händen gehalten, und eine Leinwand ist ihm fremd geworden. Wo ist die Vitalität geblieben? Statt ihrer sitzt ihm die ANGST im Nacken. Wie kann ich die Raten für das Haus abbezahlen? Was mache ich mit der kaputten Waschmaschine? Warum kann ich mir keinen Urlaub leisten? Dann wird er wütend auf andere, weil der Nachbar die Raten für sein Haus längst bezahlt hat, er sich neben einer Waschmaschine auch noch einen Trockner leisten kann, und erst kürzlich mit seiner Familie in der Karibik im Urlaub war. Vitalität ist ein Fremdwort für ihn geworden. Der Alltag stresst ihn, und wann er den letzten guten Sex hatte, weiß er auch nicht mehr so genau.

So lebt er weiter in seiner Box, um die sich Neid, Missgunst und Trägheit ranken. Vitalität und Freude schauen nur noch selten herein. Der Mensch ist das Produkt seiner Umwelt geworden.

Doch das ist nicht seine Schuld. Ist niemandes Schuld. Nur – er, der Mensch, sollte aufpassen, dass er wieder zu seiner Vitalität zurückfindet, anstatt zu einem Griesgram zu werden.

Haben Sie schon mal im Stau gestanden und sich die Gesichter in der Autoschlange nebenan angeguckt? Oder im Zug: Wie sehen die Leute dort aus? Ist ihr Blick vital und lebendig, oder wirkt er blass und bedrückt? Vielleicht lächelt Ihr Gegenüber gerade, weil er sich auf das Wochenende freut. Endlich nicht mehr in einem dumpfen Büro sitzen. Endlich das machen, was er will! Aber will er wirklich Bungee-Jumping machen, einen Survival-Urlaub erleben oder für viel Geld in die Karibik fliegen, wo er es doch eigentlich nicht hat – das Geld. Wem will er was beweisen? Wozu braucht er den Kick? Wäre es nicht schöner, einfach zu Hause zu bleiben, zu musizieren, einen Tanzkurs zu machen oder ein Bild zu malen?

Der Mensch bleibt weiter in seiner Box. Einer Welt des Verstandes mit fester Logik und wenig Spontanität. Wo ist die Freude? Wo bleibt das Gefühl? Wohin ist der Magnetismus entschwunden, die Lust und Freude am anderen Geschlecht, an anderen Menschen? Und weil er selbst kein Interesse mehr hat, ist er längst für andere uninteressant geworden.

Er aber glaubt, interessiert zu sein, schaltet wieder den Fernseher ein, schaut sich Telenovelas oder Liebesfilme an, die in hübschen Gegenden spielen, in denen es nie regnet, immer warm ist und es im Sommer keine Stechmücken gibt. Dort wird geliebt, dort wird gelacht, dort ist die Welt noch voller Freude. In jedem Fall gibt es ein *happy end.*

Und der alte Mensch? Er ist voller Trauer, Verbitterung und Einsamkeit. Er denkt ständig an das Negative auf der Welt: Krankheiten, Kriege, Katastrophen ... Sein Leben erscheint ihm sinnlos, jetzt, wo er so alt ist. Wenn er noch jünger wäre, ja, dann würde er musizieren, tanzen und malen. Dann würde er all die Orte besuchen, wo einst Picasso gelebt hat. Würde bei Daniel Richter Malunterricht nehmen, würde selbst eine Ausstellung eröffnen, mit eigenen Bildern!

Würde ... hätte ... könnte. Unser Denken bestimmt das Handeln und Sein. Wir sind kopfgesteuert. Wir sind erfolgsorientiert. Wir sind kampfbereit. Oder weiß noch jemand, wo genau das Herz liegt? Wo sind die Gefühle, wo sind unsere Träume und Wünsche? Sie liegen tief in der Box vergraben, versteckt hinter Glaubenssätzen, dass es gut ist, so wie es ist, werden bewacht von der Gewohnheit und skeptisch beäugt von der Bequemlichkeit. Doch ein paar Menschen graben ihre Wünsche aus, krabbeln aus der Box und verkünden laut: „Ich will so nicht mehr. Ich will endlich ich selbst sein. Ich will meine Träume leben, und mir ist es egal, wie alt oder jung ich bin!"

Und Sie? Wie fühlen Sie sich in diesem Moment, wo Sie das Buch lesen? Wie viel Prozent Ihres Körpers ist voller Freude und Vitalität: achtzig, fünfzig, zwanzig Prozent oder weniger? Fühlen Sie sich frei oder verkrampft, irgendwie unwohl?

Brauchen Sie starke Animation, um sexuelle Lust zu empfinden? Sind Sie noch neugierig? Mögen Sie sich selbst? Wann klettern Sie aus der Box? Wann schreiten Sie durch das tiefe Tal und hangeln sich an der steinigen Felswand wieder nach oben? Kein leichter Gang, gefährlich dazu, aber ungemein befreiend.

Ich denke, während ich das schreibe, an die taubblinde amerikanische Schriftstellerin Helen Keller, die 1968 verstorben ist. Sie war gesund auf die Welt gekommen und verlor durch eine Hirnhautentzündung im Alter von neunzehn Monaten ihr Seh- und Hörvermögen. Trotz aller Hindernisse ging sie ihren Weg, lernte das Fingeralphabet für Gehörlose, das ihr auf die Handfläche buchstabiert wurde, später erlernte sie die Quadratschrift, eine Art Blockschrift. Sie besuchte das College, lernte mehrere Fremdsprachen, erhielt später die Ehrendoktorwürde, unter anderem von der Harvard-Universität, hielt Vorträge, schrieb zahlreiche Bücher.

Was war ihr Geheimnis? Ihr Geheimnis war, dass sie mit allen Sinnen gelebt und die Fesseln ihres Egos gesprengt hat. Sie war, um wieder auf das binäre System zurückzugreifen, ganz AN!

Wer aus der Box klettern und das tiefe Tal durchschreiten will, muss in der Lage sein, Angst und Wut zu transformieren. Aber vielleicht irre ich mich. Vielleicht gehören Angst und Wut dazu, erscheinen sogar wie ein Engel am Tor, das es auf dem Gipfel zu erreichen gilt. Derjenige braucht auch eine gewisse Kindlichkeit, braucht Neugier und Vitalität. Sie wissen, was ich meine. Picasso sagte einmal: „Je älter ich werde, umso kindlicher werde ich." Der hatte bis zum Schluss ein kindliches Funkeln in den Augen, diese Begeisterung für alles, was er tat. Er hat den Prozess von Desinteresse und Verlust von Vitalität über die Jahre hin einfach umgekehrt!

Aus der Box zu klettern hat mit Selbstverantwortung zu tun, bedeutet, sein Leben in die Hand zu nehmen, über sich hinauszuwachsen und der Tristesse zu entfliehen. Es bedeutet, seiner einzigartigen Begabung zu folgen. Das ist der Schlüssel zu einem zufriedenen Leben. Dann sind Sie ganz selbst, dann sind Sie ganz Frau!

2. Die Bedürfnispyramide nach Maslow

Der amerikanische Psychologe Abraham Maslow hat 1943 eine sogenannte Bedürfnispyramide entwickelt. Sie ist eigentlich eine Bedürfnishierarchie, denn sie zeigt, was Menschen motiviert. Demnach versucht der Mensch zuerst die Bedürfnisse der niedrigsten Stufe zu befriedigen, also *existenzielle Bedürfnisse* wie Atmung, Schlaf, Wärme, Gesundheit ... Es folgt das *Bedürfnis nach Sicherheit*: Recht und Ordnung, Schutz vor Gefahren, ein geregeltes Einkommen ... Als Nächstes kommen die *sozialen Bedürfnisse*, die da sind: Familie, Freunde, Partnerschaft, Liebe, Intimität ... Wenn diese Bedürfnisse alle befriedigt sind, treten die *Anerkennungsbedürfnisse* hervor. Der Mensch will wertgeschätzt werden, möchte einen Status, Respekt, Wohlstand und so weiter. Als letzte Stufe folgt die *Selbstverwirklichung*. Individualität, Entfaltung von Talenten sowie Perfektion, Erleuchtung und Selbstverbesserung werden wichtig.

Es gibt dann noch die *unstillbaren Bedürfnisse*, die aber nie wirklich befriedigt werden können. Wenn ein Mensch zum Beispiel mit einem bestimmten Talent Erfolg hat, möchte er diesen Erfolg immer wieder übertreffen, sich steigern, noch besser werden.

Kurz vor seinem Tod hat Maslow die oberste Stufe um den Begriff „Transzendenz" erweitert, also der Suche nach Gott, nach etwas, das außerhalb des *beobachtbaren Systems* liegt.

Ich kann die Pyramide aber auch anders aufbauen:
In der untersten Stufe herrscht *fight* (Kampf), es folgt *work* (Arbeit), die Spitze ist *play* (Spiel und Spaß), ganz oben schwebt *bliss* (die Wonne und nichts als die Wonne). Die meisten Menschen bewegen sich im Bereich *work*, ganz selten, vielleicht am Wochenende oder in den Ferien, befinden sie sich in *play*. Das sind die beiden Bereiche, die ihr Leben bestimmen. Oh mein Gott, wie oft sehe ich lange Gesichter in den Unternehmen, auf denen geschrieben steht: *Alles Scheiße!* Die tendieren zwischen *work* und *fight*, also ab nach unten. Und nicht nur beruflich, auch in ihren zwischenmenschlichen Beziehungen.

Schön wäre es, den Weg der Pyramide nach oben zu gehen, hinaufzuklettern wie ein Kind, sich mit Dingen zu beschäftigen, die Spaß bringen und Freude bereiten. Neugierig sein.

Ein Beispiel: Sie leiden unter Heuschnupfen und sind ziemlich durch den Wind, haben eigentlich keine Lust auf die Geschäftsbesprechung, die Ihre Sekretärin für Sie ausgemacht hat. Am liebsten würden Sie absagen und sich mit Ihrer Schniefnase hinter dem Computer verkriechen. Aber halt. Stopp! Der neue Geschäftspartner könnte ein netter Kerl sein, vielleicht heitert er Sie auf, ist eine Bereicherung für Sie und das Unternehmen? Überspringen Sie *work*, starten Sie bei *play* in die Sitzung, und dann schauen Sie mal. Sich früher verabschieden können Sie immer noch.

Sie allein sind für Ihre Stimmung verantwortlich. Nur Sie können sich selbst motivieren. Machen Sie sich unabhängig, warten Sie nicht auf Impulse von außen. Verharren Sie nicht in *work*, dort ziehen Sie keinen *big fish* an Land, der Ihnen Tausende, wenn nicht gar Millionen bringt. Und stürzen Sie nicht in *fight* ab: Gönnen Sie Ihrer Nachbarin den rasanten Sportwagen. Freuen Sie sich für Ihre Freundin über den sexy Typen, den sie auf einer Party kennengelernt hat. Streiten Sie nicht mit Ihrer Kollegin über die Aufgabeteilung der nächsten Projektsitzung. Stecken Sie stattdessen all Ihre Intelligenz und Energie in das, was die Amerikaner *tit for tat* nennen. Ich unterstütze dich bei dem, was du willst. Und du (im Gegenzug) unterstützt mich bei dem, was ich will! Wie du mir, so ich dir. Vergessen Sie alle Streitereien und beharren Sie nicht auf Prinzipien oder auf Ihrem vermeintlichen Recht. Sie wissen doch: Sie können recht haben oder reich sein.

3. Das Herz öffnen (Vertrauen)

Sie sind aus der Box geklettert, haben das tiefe Tal durchschritten und sind auf dem Gipfel des Berges angekommen. Also gut ... noch nicht ganz, aber Sie stehen kurz vor dem Tor, das Ihnen den Weg zu Ihrem Traumjob weist. Viele Männer belagern die Einfahrt, sie stehen rechts und links des Weges, sie sind überall. Die Frage ist nun, wie ich als Frau mein Herz für diese Männer öffne, wie ich das Spiel nach meinen Regeln mit ihnen spielen kann.

Für eine Frau ist die Motivation nicht das Gewinnen, wie für den Mann, für die Frau ist es die Leidenschaft, die Freude am Tun. Es geht auch weniger ums Geld. Es geht darum, wie sich Frau verhält, um Vertrauen zu schaffen, die Grundlage für gutes *business*.

Vertrauen bringt Freude. Wenn ein Mann einer Frau vertrauen kann, bringt sie ihm Freude, und natürlich umgekehrt. Da kommen Kraft und Macht in die Zusammenarbeit, daraus entsteht Erfolg, durch Erfolg kommen Aufträge herein, Aufträge bedeuten Geld und Wohlstand.

Ehrlich gesagt ist das Vertrauen in der Businesswelt noch nicht wirklich angekommen. Es gibt noch immer Männer, die Frauen erst einmal testen. Es heißt dann zum Beispiel „streng vertraulich", dass innerhalb von drei Monaten zwanzig Prozent der Belegschaft abgebaut werden müssen. Das ist aber *fake*. Das ist nur ein Gerücht, das gestreut wird, um die Verschwiegenheit zu testen. Danach werden die Ohren gespitzt: Geht was rum? Höre ich von irgendeiner Seite was? Hat sie geschnattert? Frauen reden viel und gerne, Männer wissen das.

Ich habe mir in Vorbereitung auf das Buch noch einmal Francis Ford Coppolas Film *Der Pate* aus dem Jahre 1972 angesehen. In diesem Film geht es um Loyalität und Vertrauen. Wenn du mir gegenüber nicht loyal bist, wirst du erschossen. Peng! Im übertragenen Sinn: Wenn du rausgehst und plapperst, dass wir zwanzig Prozent der Belegschaft abbauen müssen, dann peng, peng! Weg mit dir! Dann bekommst du keine Informationen mehr, wirst zu keiner Sitzung eingeladen, wirst nicht befördert. Kommst auf das Abstellgleis.

Wissen Sie, wie viele Männer in Positionen sitzen, die sie eigentlich nicht beherrschen, für die sie nicht geeignet sind und die sie überfordern? Aber die haben Kumpels, denen sie vertrauen können. Verbündete. In Oliver Stones Film *Wall Street* wird das deutlich. Es geht um die richtigen Beziehungen, um Zusammenhalt, Informationen, Wissen und Macht. Dabei ist völlig egal, ob Männer mit Männern *business* machen, Männer mit Frauen oder Frauen mit Frauen. *Business* machen Menschen zusammen, die einander vertrauen. Es geht immer um Vertrauen. Niemals um Gefühle oder gar *drama*.

Ich erinnere mich hier an eine erfolgreiche mittelständische Firma in Norddeutschland. Der Hauptgeschäftsführer verstarb unerwartet, und seine Frau übernahm die Leitung. Sie hätte die Dinge erst einmal so laufen lassen können, denn die qualifizierten Mitarbeiter waren noch immer da. Jeder wusste, was er zu tun hatte, kannte seinen Platz. Doch es gab da einen Manager im Team, den sie nicht leiden konnte. Da war einfach eine Aversion, und sie setzte alles daran, sich von diesem Mann, der eine Schlüsselposition innehatte, zu trennen. Sie wusste, dass es danach schwieriger werden würde. Ihr war auch klar, dass der Umsatz zunächst einmal in den Keller gehen würde. Doch sie sagte mir später, dass sie überrascht war, wie schnell es ging. Sie musste Insolvenz anmelden – und das alles wegen ihres persönlichen *dramas*. Die Frage ist also, wie gehen Sie mit Ihren Emotionen um? Wie öffnen Sie Ihr Herz für Männer? Wie schaffen Sie Vertrauen?

Ich gehe davon aus, dass Sie genügend Selbstvertrauen haben und von Ihren Fähigkeiten überzeugt sind, dass Sie keine Maske tragen und in keine Rolle schlüpfen, denn das wäre fatal. Also bitte kein *drama*, keine *feelings*. Seien Sie einfach Sie selbst. Machen Sie die Kommunikation AN. Verhalten Sie sich loyal. Erkennen Sie an. Loben Sie. Belohnen Sie. Und halten Sie vor allem Ihr Wort!

4. Hass und Rache

Friedrich Nietzsche schrieb in seinem Buch „Menschliches, Allzumenschliches" zu dem Thema *Frauen im Hass*: „Im Zustand des Hasses sind Frauen gefährlicher als Männer; zuvörderst weil sie durch keine Rücksicht auf Billigkeit in ihrer einmal erregten feindseligen Empfindung gehemmt werden, sondern ungestört ihren Hass bis zu den letzten Konsequenzen anwachsen lassen, sodann weil sie darauf eingeübt sind, wunde Stellen (die jeder Mensch, jede Partei hat) zu finden und dort hineinzustechen: wozu ihnen ihr dolchspitzer Verstand treffliche Dienste leistet (während Männer beim Anblick von Wunden zurückhaltend, oft großmütig und versöhnlich gestimmt werden)."

Tatsächlich sind Hass- und Rachegelüste von Frauen legendär. Wenn sie hassen, sind sie bereit, sich selbst zu zerstören. Dann ist es ihnen egal, ob sie auch sich damit schaden. Dann wollen sie heimzahlen! Und sie beginnen zu intrigieren, zu manipulieren und zu verleumden, sie beschuldigen, lästern, machen *drama*. Dann kreisen all ihre Gedanken darum, den anderen zu vernichten – und der andere ist meist ein Mann. Ein Mann, der sie verletzt hat, egal aus welchem Grund. Frauen gehen dabei meist nicht direkt, sondern subtil vor, planen hinter seinem Rücken, lassen sich Zeit, genießen es sogar.

Männern ist ein solches Verhalten völlig unverständlich, und sie verstehen nicht, wie viel Energie und Raum solchen Hass- und Rachegelüsten gegeben wird. Sie sind da viel direkter. Privat lassen sie sich vielleicht scheiden, hauen kräftig auf den Tisch. Im Berufsleben lassen sie der Frau einfach keine Informationen mehr zukommen, laden sie nicht zu Sitzungen ein, stellen sie kalt. Schluss. Fertig. Aus.

Bei der Misandrie, einer grundsätzlich feindseligen Haltung Männern gegenüber, ist dieses Hassgefühl immer da. Es gibt kaum Studien darüber, doch man führt es auf die Unterdrückung von Frauen durch Männer zurück. Die Frauen haben Vorurteile.

Ich als Mann spüre diesen unterschwelligen Männerhass meist nicht sofort, da diese Frauen eine Maske tragen. Doch an ihrer Körperhaltung, ihrem Blick, gezielten Aussagen oder bestimmten Argumenten merke ich den Hass irgendwann direkt, besonders wenn ich sensibilisiert dafür bin. Und das bin ich meist. In Projekten oder Schulungen sehe ich sie nackt. Im übertragenen Sinne natürlich. Es gibt hier den Begriff *open and naked*. Heißt, sie können mir nichts vormachen.

Viele dieser Frauen leben in einer festen Partnerschaft oder sind verheiratet. Doch diese Beziehungen sind niemals „reich" im Sinne von reich an Liebe, Fürsorge und Vertrauen, reich an Freude und Lust. Und somit auch weniger reich an Geld.

Sehen Sie sich mal die Beziehungen in Ihrem Umfeld an. Wie oft wird dort gestritten? Wie oft wird kritisiert? Wie oft schimpft die Frau über ihren Mann? Menschen sagen oft fürchterliche Dinge zueinander, ohne sich bewusst zu sein, welche Auswirkungen das auch wirtschaftlich hat. Da werden Karrieren vernichtet.

Doch warum streitet die Frau so oft mit ihrem Partner, bestraft ihn, anstatt zu loben für das, was er tut, oder hat keinen Sex mit ihm? Warum projiziert sie so viele Erwartungen in ihn, die er gar nicht erfüllen kann? Offen gesagt ist das für mich ein Trauerspiel. Wenn die Frau ihn, den Mann, nur so nehmen würde, wie er ist! Er ist halt *nur* ein Mann, ist in vielem unbeholfen, versteht sich nicht zu kleiden, auch die Kommunikation ist nicht wirklich sein Ding, er ist eher wortkarg und kann seine Gefühle nicht so gut rüberbringen. Aber er tut sein Bestes. Mehr ist einfach nicht drin.

Und wie sieht es mit Ihrem Verhalten Männern gegenüber aus?

Okay, Sie wissen, dass Sie ihm eigentlich überlegen sind. Sie sind großmütig, sehen über so manches hinweg, sagen auch mal: „Du, ich finde dich toll!" Und wenn Sie kurz davor sind, einen Streit vom Zaun zu brechen, dann erinnern Sie sich: *Als der liebe Gott den Mann erschaffen hat, da hat er geguckt. Uuuuhhh, da hätte ich aber was besser machen können! Gleich im Anschluss erschuf er die Frau.*

Mich erschreckt das gegenseitige Misstrauen der Geschlechter. Aus dem Motto: „Frauen sind die besseren Menschen" und aus dem Anspruch der Gleichberechtigung heraus, hat sich eine Feindseligkeit entwickelt, die uns allen schadet. Der deutsche Kultursoziologe Rainer Paris meint dazu in einem Essay, dass durch feministische Scheuklappen die unterschiedlichen männlichen Verhaltensformen wie Höflichkeit, Flirt und so weiter zu männlichen Angriffen und Unterwerfungsstrategien uminterpretiert würden, was eine emotionale Verwüstung im Privat- und Intimleben erzeuge.

Das finde ich auch. Und ich kann auch die Kritik der Literaturnobelpreisträgerin Doris Lessing, „die Männer als die neuen geheimen Opfer im Krieg der Geschlechter sieht", nachvollziehen. Sie sagte einmal, dass sie entsetzt über den Feminismus sei, der darauf hinauslaufe, auf die Männer einzudreschen.

Auch wenn Sie jetzt vielleicht sagen: „Was geht mich der Feminismus an, die Emanzipationsbewegung war lange vor meiner Zeit", so möchte ich noch einmal betonen, wie wichtig im Umgang der Geschlechter ist, seiner eigenen Natur treu zu bleiben. Seien Sie ganz Frau! Achten Sie darauf, dass der Magnetismus zwischen den Geschlechtern wieder in Gang kommt. Lassen Sie sich umschwärmen, ganz spielerisch. Und haben Sie ein wenig Nachsicht mit uns Männern.

5. Was verletzt Frauen?

Frauen tragen oft diese Rache-, Hass- und Heimzahlgelüste in sich bis zur Selbstaufgabe, und ich frage mich, was verletzt eine Frau eigentlich so? Ich kann mir vorstellen, dass eine Frau denkt: Männer sind laut, Männer sind stark, Männer sind ungehobelt, Männer wollen nur das Eine, Männer sind gewalttätig, Männer sind dominant. Vielleicht fühlt sich eine Frau oft ungerecht behandelt, fühlt sich dem Mann unterlegen, fühlt sich nicht ernst genommen. Sie denkt: „Männer sind böse!"

Und Männer denken grundsätzlich: „Frauen sind doof!" Das fängt beim Einparken an, geht über technisches Verständnis bis hin zum Orientierungssinn, den sie ihnen absprechen. Und dann diese unsäglichen Blondinenwitze. Aber lassen wir das, denn das ist ja nur die Konzeptwelt!

Ich glaube nämlich, dass es in Wirklichkeit genau umgekehrt ist. Frauen sind böse, und Männer sind doof! Na ja, vielleicht sind Männer doof, agieren dumm und verhalten sich blöde. Und natürlich können auch Frauen manchmal daneben sein.

Ich höre Sie jetzt förmlich aufschreien: Was redet der da? Der kann doch nicht so verallgemeinern! Okay, dann sage ich: Frauen handeln oft böse, und Männer benehmen sich oft ziemlich dumm.

Dass Frauen sich benachteiligt, unterdrückt und oft angegriffen fühlen, kommt meiner Meinung nach aus der Konzeptwelt. Es beginnt schon in der Schule. Jungs sollen sich den Mädchen anpassen und Mädchen sollen sich wie Jungs verhalten. Sie haben gemeinsam Unterricht, auf die individuellen Bedürfnisse und Veranlagungen wird keine Rücksicht genommen.

Die Geschichte wurde überwiegend von Männern gemacht. Mädchen werden mit Despoten, Kriegsherrn, Forschern und Abenteurern konfrontiert. Natürlich, es gibt Nobelpreisträgerinnen wie Gertrude Elion, Marie Curie, Perl S. Buck, Schirin Ebadi und einige mehr. Sie sind die Ausnahme, nicht die Regel. Es gibt auch Frauen der Geschichte wie beispielsweise Elisabeth Selbert, die eine der vier „Mütter des Grundgesetzes" war, die Malerin Paula Modersohn-Becker oder die Künstlerin und Bildhauerin Käthe Kollwitz, um bei einigen Deutschen zu bleiben. Und doch, so richtige Aufmerksamkeit erhielten sie erst, wenn sie sich wie ein Mann verhielten (was Sie als moderne Frau des 21. Jh. um Gottes willen nicht tun sollten!). Mir fällt hier die britische Premierministerin Margaret Thatcher ein, die 1982 gar keine andere Wahl hatte, als in den Falklandkrieg zu ziehen, der mit einem Sieg Großbritanniens endete. Und dann die elitären Herrenklubs weltweit, wo Frauen lange Zeit nicht als Mitglieder akzeptiert wurden und es heute noch schwer haben. Auch wenn der Geschäftsführer eines traditionellen Londoner Klubs sich kürzlich beklagte, dass mittlerweile „erschreckend viele Frauen" akzeptiert würden. Nun gut, das ist relativ. Doch um bei Mrs Thatcher zu bleiben. Sie wurde einst als „Mann ehrenhalber" erklärt, um als Premierminister(in) zu einem solchen Klub Zugang zu bekommen.

Das Buch soll jetzt kein Gesellschaftspranger sein, aber wenn ich die Frau in den verschiedensten Religionen betrachte, spielt sie auch hier fast überall eine untergeordnete Rolle. Dabei kann man den Vorwurf der Unterdrückung nicht einmal den Religionsstiftern machen, wie immer sie heißen, da deren Lehren meist viel später aufgeschrieben wurden, oft erst nach deren Tod und unter dem Einfluss einer patriarchalischen Gesellschaft. Frauen wurde vorgeworfen, dass sie verführen, dass sie Männer vom tiefgründigen Denken ablenken und dass man sie deshalb verhüllen und verstecken muss.

Dieses Gefühl, über Jahrhunderte als ein „Wesen mit Mängeln" angesehen worden zu sein, sitzt tief. Vielleicht fühlen Frauen sich deshalb so schnell benachteiligt.

6. Sich selbst frustrieren, um so den Mann zu frustrieren

Ich möchte noch einmal auf das Thema „Böse" zurückkommen, darauf, dass in der Konzeptwelt die Männer *böse* und die Frauen *doof* sind, was natürlich nicht stimmt. Wir haben unter dem Kapitel „Hass und Rache" gesehen, wie Frauen agieren können, wenn sie böse sind. Nein, mehr als das, wenn sie vor Wut förmlich kochen. Das ist für mich das große Paradoxon. Denn diese vor Hass sprühenden Frauen schaden in erster Linie sich selbst. Sie halten ihre Freude und Selbstliebe zurück, und ihre Leidenschaft vergeuden sie für negative Gefühle. Sie frustrieren sich selbst, um so den Mann zu frustrieren, was zu einem finanziellen Schaden führt, weil er beruflich demotiviert ist. Die meisten Leute sind nicht reich, weil sie im Leben Glück hatten. Sie sind reich an Geld und materiellem Wohlstand, weil sie die Harmonie und das innere Gleichgewicht im Auge behielten. Weil sie aufgepasst haben.

Ich sagte bereits, dass es nicht stimmt, dass der Mann böse und die Frau doof ist, dass das nur die Konzeptwelt ist. Richtig müsste es heißen: Der Mann ist *brillant* und die Frau ist *weise*! Runzeln Sie jetzt nicht skeptisch die Stirn. Brillant bedeutet in diesem Fall, der Mann ist nicht perfekt, aber er versteht es zu glänzen, ähnlich einem Ring mit Brillantschliff, der unglaublich strahlt. Und weise? Weise heißt, dass die Frau die Männer in ihrem Umfeld, sei es den Lebenspartner, Geschäftspartner oder Vorgesetzten, mit dem Hundetrainingsbuch, dem *dog manual*, durchs Leben führt: Lob – Anerkennung – Belohnung! Sie gibt nach ihren Regeln die Richtung vor, genießt ihre Freude, Leidenschaft und Fähigkeiten, lebt diese aus und lässt die Männer daran partizipieren. Denn SIE ist für die private Beziehung verantwortlich. SIE bestimmt den Kommunikationsfluss im Unternehmen, die Art und Weise, wie sich eine Firma nach innen und außen präsentiert. SIE stiftet Frieden zwischen Mann und Frau, zwischen männlichen und weiblichen Mitarbeitern und Vorgesetzten beiden Geschlechts. SIE bringt Harmonie ins Privatleben und in die Businesswelt, macht durch ihren „Radar" die Beziehung belastbar. Er im Gegenzug bringt das Geld. Das ist der *deal*.

Nehmen wir an, ich nehme eine Waage, lege in eine Schale das Geld, also den finanziellen Wohlstand oder Gewinn hinein und in die andere Schale die Harmonie und Beziehungsfähigkeit – und stelle zufrieden fest: Die Waage ist ausgeglichen. Alles optimal. Jetzt verschiebe ich den Pin ein kleines Stück, und es entsteht sofort ein Ungleichgewicht. Ich komme in einen Machtvorteil. Was überwiegt, das Geld oder die Harmonie? Wenn das Spiel um die Macht beginnt, wird gekämpft. Dann hat einer von beiden Nachteile. Wenn ich das auf die Beziehungen in meinem Umfeld übertrage, so ist fast überall ein Ungleichgewicht zu erkennen. Kaum jemand lebt in Harmonie, kaum jemand ist so richtig glücklich. Dabei geht Harmonie, wenn sie richtig gelebt wird, mit materiellem Wohlstand einher. Die Waage ist dann ausgeglichen.

Leben Sie vor, dass das möglich ist. Handeln Sie weise!

7. Das instinktive Gehirn ausschalten

„Ich möchte intelligenter kommunizieren", seufzen Sie nach einem zermürbenden Gespräch vielleicht und meinen damit, in Zukunft Ihren Mann, Lebenspartner, Geschäftspartner, Chef oder Kollegen zunächst neutral zu beobachten (observieren), um ihm schließlich ein sauberes *feedback* zu geben. Und dass Sie ihn nicht einfach nur loben, wenn es angebracht erscheint, sondern dass Sie das, was er gerade tut, *anerkennen*. Wir sprachen bereits darüber.

Gut so, sage ich, das macht absolut Sinn. Doch Sie werden es nur so lange durchhalten, bis Sie eines Tages Wut, Trauer, Angst, Erschöpfung, Verbitterung oder Verzweiflung übermannen, die aus dem Herzen oder aus dem Bauch, also Ihren Wurzeln, kommen, und all Ihre Vorsätze zunichtemachen werden. Hierbei handeln Sie aus Ihrem Instinkt heraus, auch das „dritte Gehirn" genannt. Wir haben also das erste Gehirn für den Intellekt, das zweite für die Emotionen und das dritte ... Sie wissen schon.

Dieses sogenannte dritte Gehirn besteht aus drei möglichen Antrieben, in der Wissenschaft Triebe (*drives*) genannt. Der erste Antrieb ist die NEUGIER, der zweite die ANGST und der dritte die WUT. Kämpfen oder flüchten, *fight* oder *flight*. Ein Tiger kommt, um Ihr Baby aufzufressen, Sie spüren den Horror, den größten Terror, die allergrößte Wut in sich, wachsen über sich hinaus und greifen nun von sich aus den Tiger an! Sie können versuchen, mit Ihrem Partner in Harmonie zu leben. Sie können versuchen, mit Ihrem Geschäftspartner auf Augenhöhe zu verhandeln. Sie können versuchen, mit allen Männern dieser Welt *intelligent* zu kommunizieren. Wenn der Tiger kommt, um Ihr Baby zu holen, denken Sie ausschließlich mit dem Ur-Gehirn, das so mächtig ist, dass Sie alle gut gemeinten Vorsätze vergessen. Dieses Ur-Gehirn ist Hunderte Millionen von Jahren alt. Es im entscheidenden Moment ruhig zu halten ist das Rückgrat für Ihre unkontrollierten Gefühle.

Während meiner beruflichen Anfänge arbeitete ich in einer renommierten Firma in Berlin, in der Umstrukturierungen anstanden. Ich war schon ein Stück die Karriereleiter nach oben geklettert, hatte ein eigenes Büro und einen Benjamin Ficus, der mich symbolisch als Führungskraft auszeichnete und prächtig gedieh. Unser Betriebsratsvorsitzender, in jeder Beziehung erfahrener und damals gewiss pfiffiger als ich, wusste genau, wie ich in bestimmten Situationen reagieren würde. Er kannte die menschlichen *drives*, wusste um die Knöpfe NEUGIER, ANGST und WUT, die er bei seinen Gesprächspartnern nur zu drücken brauchte, um sie aus der Reserve zu locken. Eines Tages kam er, ohne zu klopfen, in mein Zimmer, warf mir drei, vier Sätze hin und wartete ab. Genau genommen hatte er bei mir den WUT-Knopf gedrückt, und ich reagierte, wie er es erwartete hatte, reagierte so heftig, dass die Blätter des Benjamin Ficus nur so durch die Gegend flogen. Ich bin mir sicher, er hat sich später, vor der Tür, über mich kaputtgelacht. Sein Konzept war aufgegangen. Ich hatte vor Wut geschäumt und die Fassung verloren.

Viele Menschen werden bei Ihnen die Knöpfe WUT und ANGST drücken. Wenige den Knopf NEUGIER, der ein sehr wertvoller und wichtiger ist. Seien Sie sich dessen bewusst und seien Sie vorbereitet. Lassen Sie die beiden ersten nur drücken, wenn es wirklich sein muss. In einer Ausnahmesituation. Dann, wenn Wut oder Angst wirklich angebracht sind.

Was mir am Herzen liegt: Drücken Sie bei anderen Menschen ausschließlich den NEUGIER-Knopf!

8. Der weibliche Radar

Sie kennen vielleicht die Situation: Sie gehen Seite an Seite mit Ihrem Lebenspartner oder Ehemann durch die Stadt, und er sieht *andere* Frauen an. Zuerst wollen Sie es ignorieren, doch das schlechte Gefühl in Ihnen gärt. Sie fühlen sich verletzt, reduziert, als Frau nicht wahrgenommen.

Andere Situation: Sie gehen alleine durch die Stadt. Sie haben sich hübsch zurechtgemacht, laufen beschwingt, sind mit sich und der Welt zufrieden, und entsprechend positiv ist Ihre Ausstrahlung. Die Männer, die Ihnen begegnen, schauen Sie an! Nun, wie fühlen Sie sich? Verletzt, reduziert? Nein! Sie fühlen sich als Frau wahrgenommen und bestätigt. Die Blicke schmeicheln Ihnen.

Eine Frau hat so viel Macht über einen Mann, so viel! Ich möchte das hier noch einmal ausdrücklich betonen. Sie weiß es nur nicht, auch wenn sie es vielleicht zu wissen glaubt. Erinnern Sie sich an die Geschichte vom Bürgermeister und seiner Frau?

Die Frau muss sich von der fixen Idee lösen, dass Männer ihre Feinde sind. Ich will hier nicht noch einmal das Männer-böse-Frauen-doof-Beispiel anbringen, das hatten wir schon. Doch aus dem Kampf der Geschlechter, der bis heute andauert, entstehen nur Verletzungen und Verluste. Er führt meiner Meinung nach zu nichts. Dieser Kampf ist so alt wie die Frage nach der Henne und dem Ei. Was war vorher da? Wann hat der Kampf begonnen? Es liegt an Ihnen, diesen Krieg zu beenden, im privaten und im geschäftlichen Bereich. Es liegt an Ihnen, gutes *business* zu machen, nach Ihren Regeln, nach denen dann gemeinsam gespielt wird.

Das Problem ist doch, dass jeder den anderen von seiner Art zu denken, zu fühlen und zu handeln überzeugen will. Wir sind so programmiert: Ich habe recht. Du hast unrecht. Du bist schuld. Daraus entstehen Kampf und Konfrontation. Ich möchte das auflösen, möchte sagen: Niemand hat schuld. Jeder hat nur eine andere Sicht auf die Dinge. Dabei ist eine entspannte Grundhaltung wichtig, dem anderen zuhören, die Sache auch einmal aus der Sicht des anderen betrachten. Wirklich aus der Sicht des anderen zu betrachten und nicht nur darüber zu reden. *Tit for tat.* Du hilfst mir bei dem, was ich will. Und ich helfe dir bei dem, was du willst. Sie wissen schon. Erfüll mir meine Träume, und ich helfe dir, deine zu erfüllen.

Wann haben Sie das letzte Mal so gehandelt? Wann haben Sie Ihrem Lebenspartner, Ehemann, Geschäftspartner, Chef oder Kollegen das letzte Mal interessiert zugehört? Wann seine Leistung *wirklich* anerkannt und es ihm gesagt?

Wir machen in meinen Seminaren manchmal eine Übung, stellen uns im Kreis auf, und jeder gibt dem anderen zunächst seine Anerkennung: „Ich erkenne an, dass du heute pünktlich warst ... Ich erkenne an, dass du heute lächelst, anstatt einen Flunsch zu ziehen ..." Zu Ihnen würde ich vielleicht sagen: „Ich erkenne an, dass Sie mein Buch gekauft haben, es konzentriert lesen und sich Ihre Gedanken dazu machen." Danach erkenne ich selbst etwas Positives an mir an, zum Beispiel dass ich meinen Wunsch, ein Buch über meine Erfahrungen zu schreiben, in die Tat umgesetzt und nicht nur darüber philosophiert habe.

Diese Übung in den Gruppen, die meist aus Managern und Managerinnen sowie aus hochqualifizierten Mitarbeitern und Mitarbeiterinnen bestehen, hat seine Tücken. Denn da muss möglicherweise der Abteilungsleiter, der aus einer Gewohnheit heraus seine Leute fertigmacht, vielleicht sogar denunziert, plötzlich herausfinden, was er an den anderen schätzt. Wir machen diese Übung auch schriftlich. Zwei positive Sätze über Kollegin X und Kollegen Y, die dann später von dem Beurteilenden selbst vorgelesen werden. Das hört sich alles leicht an, doch puh, das kostet Überwindung, die kommen ganz schön ins Schwitzen. Negatives hätten die jede Menge parat. Aber positive Sachen sagen ...

Tun Sie es. Sagen Sie Positives. Erkennen Sie bestimmte Leistungen an. Nehmen Sie sich Zeit für die Menschen in Ihrem Umfeld, anstatt sich immer nur mit sich selbst zu beschäftigen. Denn das tun Frauen gern, ich muss das leider so sagen.

Resümee: Die Frau hat den „Radar". Sie gibt *power* an den Mann weiter, indem sie alles Gesagte auffängt, modifiziert und dann entsprechend weiterleitet. Das ist der optimale *tune*-Kreislauf.

9. Bewusst denken

Eine Frau frustriert sich gerne selbst, um den Mann zu frustrieren. Diese Art von Männerbestrafung ist mir wichtig, noch einmal explizit aufzugreifen. Denn der Mann ist ja nicht da, um der Frau ein harmonisches Leben zu bereiten, auch wenn er seine Verpflichtungen hat: *make mama happy,* Sie kennen vielleicht diesen Begriff. Ist Mama *happy*, sind die Kinder *happy*, sind Papa und Mama AN. Doch er bringt in erster Linie das Geld. Quantität gegen Qualität, das ist der *deal*. Und wenn die Frau mit ihrer Aufgabe, für die angenehmen Seiten des Lebens zu sorgen, nicht zufrieden ist, dann ist etwas nicht in der Beziehung in Ordnung, und sie sollte ihre Situation überdenken. Wenn Frauen ablehnend reagieren, haben sie keine Wünsche und Träume mehr. Da ist die Vitalität verlorengegangen, und es dominiert die Tristesse. Eine solche Frau muss wieder vom passiven Zuschauer zum aktiven Mitspieler werden. Sie muss raus aus der Box, muss durch das tiefe Tal schreiten und sich die steinige Felswand nach oben hangeln. Sie muss ihre Angst ablegen, ein neues Ziel finden, nach vorne schauen und zurück zu ihrer Freude finden, sonst wird sie verbittert, und in ihrem Umfeld herrscht nur noch Frust. Die Frau bestimmt die Atmosphäre und Energie! Denken Sie immer daran.

Wenn Sie Ihren Mann beschimpfen: „Du *loser*, du verdienst nicht genug. Du musst mehr Versicherungen, Aktienpakete oder sonst was verkaufen", deswegen verkauft der im Moment nicht mehr. Der ist nur frustriert, und seine Lampe ist AUS. Entsprechend ist seine Ausstrahlung auf die Kunden. Und der wahrscheinliche Effekt, dass er noch weniger verkauft, tritt ein.

Ich habe vor kurzem um die Mittagszeit in der Kantine eines großen Konzerns gesessen. Bei mir am Tisch drei jüngere Frauen, aufgeweckt, attraktiv, gebildet. Es war ein herrlicher Nachmittag. Die Sonne schien durch die großen Fenster, das Essen war für meinen Geschmack ausgezeichnet, dazu eine reichliche Auswahl und alles frisch. Ich hing während des Essens meinen Gedanken nach, überlegte, wie ich meine nächste Schulung gestalten werde, wie viel Raum ich Aktivität und Bewegung geben soll, denn in den anstehenden Seminaren sollte keiner lange sitzen. Die Kursteilnehmer sollten aktiv werden und selbst mitgestalten. Was mich meine Gedanken immer wieder unterbrechen ließ, war der negative Grundton am Tisch, so ein bitterer Unterton, der bei jedem Satz mitschwang. Ich hörte genauer hin, verfolgte das Gespräch: Die eine Frau beschwerte sich über das Abo-Angebot der Kantine, das ihrer Meinung nach viel zu teuer sei. Und überhaupt, das Essen würde ihr meistens sowieso nicht schmecken, die Nudeln wären immer irgendwie zu trocken und die Soßen nicht pikant genug. Die andere Frau kam auf ein Seminar zu sprechen, das am Nachmittag stattfinden sollte. Dass sie daran teilnehmen müsse, sei ganz fürchterlich. Sie wüsste jetzt schon, dass es stinklangweilig würde. Schon der Gedanke daran würde sie schläfrig machen. Die dritte Frau der Runde kritisierte schließlich einen Imageprospekt des Unternehmens, den sie gerade von der Werbeabteilung erhalten hatte. Das neue Logo sei einfach nur schrecklich, und dann das Format, viel zu groß und unhandlich irgendwie.

Dieses Gespräch ging so eine halbe Stunde lang. Es wurde kritisiert, gemotzt, gemeckert. Mir war der Appetit schon lange vergangen, und ich dachte: Sie sterben nicht aus. Diese ewig meckernden und nörgelnden Frauen wachsen immer wieder nach!

Bewusst denken ist weit mehr, als nur positiv zu denken und die Dinge durch die rosarote Brille zu sehen. Ich muss während der Woche oft in einem Hotel übernachten. Das gefällt mir nicht, denn ich wäre lieber zu Hause. Ich sage mir dann: „Das Hotelzimmer ist okay, das Frühstücksbuffet gut, die Serviceleute sind zuvorkommend." Ich rede mir die Situation nicht schön, aber ich mache auch nicht alles nieder. Ich bin mir einfach der Situation bewusst.

10. Tankstelle sein

Es gibt sehr, sehr, sehr, sehr, sehr, sehr, sehr, sehr, sehr – sehr, sehr, sehr, sehr, sehr, sehr, sehr ... viele Frauen, die saugen Energie und Information, die liefern nichts, kosten nur Kraft und vernichten somit Geld. Ich als Mann, der gerne Auto fährt, denke hier an eine Tankstelle. Ich fahre mit meinem Wagen an die Zapfsäule ran, weil ich nur noch zwei Liter Benzin im Tank habe und volltanken will, aber plötzlich sind die restlichen Liter auch noch weg.

Ich erlebe oft bei männlichen Führungskräften, dass sie aus dem vermeintlich erholsamen Wochenende oder Urlaub oft noch gestresster zurückkommen, als sie ohnehin schon waren. Sie hatten auf ein paar geruhsame Tage im Kreis der Familie und mit Freunden gehofft, auf guten Sex und entspannte Gespräche. Stattdessen hat ihre Partnerin ihnen die Hölle auf Erden gemacht: „Du *loser* ... mach gefälligst dieses und kümmere dich um jenes ..." Am folgenden Montag ist seine Batterie endgültig leer. Wie soll er die kommende Woche durchstehen? Seine Beförderung ist in Gefahr, sein Job, sein Einkommen, seine Existenz.

Sind Sie auch so eine Energiefresserin, eine, die sich hinstellt und laut ruft, dass alles Sch... ist? Oder haben Sie eine gebende Haltung? Kann, wer immer zu Ihnen kommt, bei Ihnen auftanken? Und nicht nur das. Bekommt er auch noch die Scheiben gesäubert, den Ölstand geprüft und den Reifendruck gemessen?

Eine Tankstelle, deren Zapfsäule mir die letzten zwei Liter nimmt, anstatt meinen Tank zu füllen, werde ich zukünftig meiden. Eine, die auftankt und mir noch zusätzlichen Service bietet, werde ich immer wieder anfahren und weiterempfehlen.

Die Frage ist: Sind Sie Nehmende oder sind Sie Gebende?

Warum kommen Kunden, Kollegen oder Kolleginnen zu Ihnen, wenn sie einen Rat brauchen? Warum ist Ihnen von Ihrem Vorgesetzten oder einem Mitbewerber eine bessere Position angeboten worden? Warum vertraut Ihnen Ihr Lebenspartner voll und ganz? Weil Sie eine „Tankstelle" mit zusätzlichem Service sind!

Wenn ich das Buch für Männer schreiben würde, würde ich sie fragen lassen: „Bin ich der Ver- oder Besorger meiner Frau?" Kleiner Scherz. Denn es geht nicht vordergründig um Geld oder Sex. Es geht um Verständnis, Anteilnahme, Diskretion, Unterstützung, Ermutigung, ein freundliches Wort. Es geht um Optimismus, Fröhlichkeit, darum, das Glas als *halb voll* anzusehen. Es geht um Solidarität und Vertrauen. Vertrauen schafft Arbeit. Arbeit schafft Geld. Und hier wären wir wieder beim Thema.

Ich bilde mich regelmäßig weiter und nehme an Seminaren zu den verschiedensten Themen teil. Einmal bekamen wir die Aufgabe gestellt, ein Gedicht zu schreiben. Ein Gedicht, na ja, dachte ich und erinnerte mich an Vers, Versmaß und Strophenbau, es sollte ja kein Anti-Gedicht werden. Ich tat mich ehrlich gesagt schwer. Die Silbenzahlen einer Zeile passten immer irgendwie nicht, und die lautlichen Qualitäten der Wörter fand ich miserabel. Aber gut, ich quälte mich so durch, hatte schließlich mein Gedicht und war auch ganz zufrieden.

Es gab zwei Frauen in der Gruppe – wir waren sechs –, die verweigerten sich. Die hatten da einfach keinen Bock drauf. Die gingen raus, setzten sich in die Sonne, rauchten und feixten herum, während wir Verbliebenen mit der Lyrik rangen. Später trugen wir unsere Gedichte vor, die Verweigerinnen waren dabei. Sie hatten nichts geleistet, durften jetzt aber die Gedichte hören und kommentieren. Sie profitierten von unserer Arbeit und genossen die Vorträge, ohne sich beteiligt zu haben.

Verstehen Sie, was ich mit der Metapher der Tankstelle meine?

11. Saat und Ernte

Wir lernen bereits in der Schule verschiedene Regeln und Gesetze, aber nicht das Gesetz von Saat und Ernte, das schon in der Bibel steht und meiner Meinung nach so wichtig ist: *Irret euch nicht, Gott lässt sich nicht verspotten. Denn was ein Mensch sät, das wird er auch ernten* ... Wenn ich das wörtlich nehme und mir ein großes Feld vorstelle, auf dem ich Samen aussäe, dann hat das Feld, egal, wie groß es ist, keinen Einfluss auf das Samenkorn. Wenn ich Weizensamen säe, dann ernte ich Weizen. Wenn ich Brennnesselsamen säe, dann ernte ich Brennnesseln.

Wir Menschen sind immer am Säen und Ernten, und meistens sogar unbewusst. Die Saat sind unsere Worte, der Ackerboden die Herzen derer, die wir erreichen wollen. Oft säen wir nicht einmal selbst. Oft sind es andere, die auf unserem Boden ihre Saat einbringen, und wir wundern uns dann, dass dort Kraut und Rüben wachsen anstatt Sonnenblumen, wie wir es eigentlich wollten.

Wenn eine Frau schlecht über andere redet, wenn sie böse Sachen sagt, denn *storytelling* ist meist Sache der Frau, dann trifft sie mit ihrer Saat die Herzen der Menschen. Die Frucht, die daraus entsteht, ist dornig, kratzig und ungenießbar. Der Boden, auf dem geerntet wird, kann diese schlechte Frucht aber nicht verändern, der kann aus Unkraut kein wohlschmeckendes Gewächs machen.

Sie haben es also in der Hand, nein, auf der Zunge: Denke ich wertschätzend und positiv, gewinnend und konstruktiv, habe meinen Saatkasten sozusagen unter Kontrolle? Oder spreche ich Dinge aus, die verletzen, herabsetzen und entwürdigen? Säe ich etwas aus, was ich nicht mehr zurücknehmen kann und richte damit nur Unheil an?

Es ist also gut, wenn ich darauf achte, was ich sage, wenn ich meinen Saatkasten unter Kontrolle halte! Was aber geschieht mit den vielen Tausend Samenkörnern, die mehr oder weniger unbemerkt auf meinem Acker gesät werden? Wir reden manchmal über andere, die es unserer Meinung nach zu etwas gebracht haben. Sagen vielleicht: „Ach, die hat immer so viel Glück, der fliegt jede Beförderung zu." Oder wir bedauern jemand und sagen: „Oh, der arme Kerl, er kommt im Leben einfach nicht weiter." Dabei liegt es oft daran, ob die Menschen in deren Umfeld guten oder schlechten Samen ausgesät haben – entsprechend ist dann das Ergebnis.

Da ist Tante Ingeborg, die behauptet und sich immer wieder darin bestätigt fühlt: „Reiche Leute sind nicht glücklich!" Da ist die Talentshow im Fernsehen, deren Juroren sich bei der Bewertung der Kandidaten obszöner Vergleiche bedienen. Da ist das Internetportal, das zur Radikalisierung aufruft.

Wenn ich nicht darauf achte, welche Worte, Maßregeln, Glaubenssätze und vermeintliche Wahrheiten auf mein Herz fallen, dann kommt aus mir heraus, was andere Leute in mir gesät haben. Mein von Natur aus fruchtbarer und gut bewirtschafteter Boden wird überlagert von Unrat, Unkraut und Ungeziefer. Irgendwann bekomme ich ihn nicht mehr in Griff. Mein Ehe- oder Geschäftspartner hat die Nase voll von mir und gibt mir keinen *recall*. Sagt: „Bis hierhin und nicht weiter!"

Kleiner Einschub: An dieser Stelle danke ich Ihnen, liebe Leserin, dass ich mit meinem Buch, das Sie gekauft haben und gerade lesen, einen guten und fruchtbaren Samen in Ihr Herz legen darf.

Ihnen gefällt die Metapher mit dem Samen nicht? Gut, ich kann es auch anders formulieren: Wenn ich meinen Computer raus auf die Straße stelle mit der Aufforderung: „Hey, Leute, ihr könnt da alle mal beliebig drauf rumprogrammieren!", dann kann ich, wenn ich ihn eines Tages wieder an mich nehme, keine Höchstleistungsprogramme erwarten. Da ist dann zwar alles Mögliche drin, aber die Programme sind nicht kompatibel, und der Rechner stürzt immer wieder ab. Der Input bestimmt den Output.

So ist es auch mit guten Vorsätzen. Viele Menschen nehmen sich an Silvester Dinge vor, die sie im neuen Jahr umsetzen wollen. „Im neuen Jahr ändere ich mein Leben, gehe regelmäßig zum Sport, esse bewusster, nehme mir mehr Zeit für die Familie ..." Und am siebten Januar ist davon schon nichts mehr übrig. Warum? Weil ich meine Gewohnheiten grundlegend ändern müsste, um meine Ziele zu erreichen. Meine engsten Freunde ermutigen mich nicht, Sport zu treiben, weil sie selbst Couch-Potatos sind. Ich bewege mich in vertrautem Umfeld, dort ist niemand, der *bewusst* essen möchte. Und mein Job lässt mir einfach nicht mehr Zeit. Ich müsste mich also in andere Kreise begeben, mich Interessengruppen anschließen oder im schlimmsten Fall von Menschen, die mir nicht guttun, trennen. Notfalls auch von meinem Job. Das alles ist anstrengend und lästig. Deshalb kaufe ich mir lieber ein Buch zum Thema, das dann ungelesen im Bücherschrank steht. Aber es kommt ja wieder ein Silvester und wieder ein neues Jahr für gute Vorsätze. Also verschieben wir alles wieder. Der Input bestimmt den Output.

Wenn eine junge Frau nicht vermittelt bekommt, wie Männer ticken, wenn sie vielleicht gar nichts gesagt bekommt, dann muss sie sich nicht wundern, wenn es später in der Kommunikation zwischen ihr und ihrem Partner, Geschäftspartner, Vorgesetzten oder Kollegen nicht klappt. Wenn sie immer wieder hört, dass berufstätige Mütter Rabenmütter sind, dann hat sie womöglich Angst vor einem beruflichen Aufstieg, weil sie befürchtet, ihre Kinder zu vernachlässigen. Und wenn sie in den Modemagazinen Bilder spindeldürrer Models sieht, wagt sie kaum mehr, sich ihres eigenen Körpers zu erfreuen. Der Input bestimmt den Output.

12. Die Zunge, der wichtigste Körperteil

Weil wir gerade darüber sprechen, wie wir harmonisch zusammenleben können, obwohl wir Menschen so schmerzvolle Dinge zueinander sagen, und dann noch womöglich ergänzt durch Worte wie NIE und IMMER: Du machst nie ... Du sagst immer ...! Absolute Killerworte.

Ich habe einmal an einem Seminar zum Thema Führung teilgenommen. Der Trainer der Gruppe fragte mich: „Was ist Ihr wichtigster Körperteil?" Tja, da habe ich als Mann an meinen wichtigsten Körperteil gedacht. Er grinste, wartete eine Weile. Dann streckte er seine Zunge raus und fasste sie an. „Das, das ist Ihr wichtigster Körperteil, die Zunge! So wie das Ruderblatt eines Ozeandampfers ein Schiff sicher durch die Meere führt, so führt Sie Ihre Zunge sicher durchs Leben."

Menschen sprechen schlimme Sachen aus, lernen schlimme Dinge voneinander und sind sich dabei nicht bewusst, dass Worte scharf wie Messer sein können. Wenn der Juror eines Gesangscastings zu einem halbwüchsigen Menschen sagt: *„Wenn ich meinem Hund ne Currywurst in den Hintern schiebe, dann macht der auch solche Geräusche"*, seine Ausstrahlung mit einer *„elektrischen Gummiwurst"* vergleicht und sich über ihn lustig macht, dann nehmen die jungen Leute das mit in ihren Alltag. Sie haben noch nicht das Selbstbewusstsein und die innere Reife, mit Hohn dieser Art umzugehen, fühlen sich angegriffen und ausgegrenzt und geben ihre „Verletzungen" bei nächster Gelegenheit weiter, setzen womöglich noch eins drauf.

Die Zunge sagt, was ich denke. Ja, was denke ich eigentlich? müsste ich mich fragen und meine Gedanken ständig überprüfen. Sind sie positiv, negativ, verletzend, sind sie konstruktiv, destruktiv ...? Worte tragen so viele Emotionen in sich, können so viele Gefühle auslösen, können von einer

Sekunde auf die andere die Welt verändern. Ich erinnere mich an den Anruf einer früheren Kommilitonin. Ich war morgens gelaufen, hatte Thai Chi gemacht, war richtig gut drauf, war AN. Ich wollte einige Firmen anrufen, wollte sagen: „Guten Morgen, meine Name ist Karsten Edelburg, ich bin Berater und möchte gerne für Sie Ihre Personalprobleme bearbeiten!" Gerade als ich zum Telefon greifen wollte, klingelte es. Es war Sabrina, und noch bevor ich etwas sagen konnte, quasselte sie auf mich ein, schüttete ihren privaten und beruflichen Müll auf mir aus, den ganzen Scheiß. Entschuldigen Sie, wenn ich das so direkt schreibe, aber so war es. Ich hörte nur schlimme Worte, böse Worte, vernichtende Worte. Ich hörte nur Wut und Zorn. Es war ein sonniger Tag mit einem wolkenlosen, herrlich blauen Himmel, und ich dachte: Überall scheint die Sonne, nur über diesem Haus hängt eine große schwarze Gewitterwolke.

Sabrina hatte keine Minute darüber nachgedacht, was ihre Worte bewirken, auch wenn ich nicht selbst betroffen war, sie schimpfte ja nicht über mich. Doch ich konnte mich ihrem verbalen Frust nicht entziehen. Er war da, steckte in dieser elenden Telefonleitung und legte sich über meinen Gemütszustand, wie eine schwere, kratzige Decke. Am Abend hätte ich mir ihre Tiraden vielleicht angehört, Reden befreit ja auch, doch am Morgen, wo ich *business* machen wollte ... Puh, danach war ich völlig fertig, hatte keinen Kopf mehr, um zu sagen: *Schönen guten Tag, mein Name ist Karsten Edelburg, und ich verdiene heute eine Menge Geld!* Mein Businesspartner oder mit wem auch immer ich in dieser schlechten Stimmung gesprochen hätte, hätte die negative Energie gespürt. Es wäre kein für mich positives Ergebnis zustande gekommen, weil er mein Anliegen vielleicht abgeblockt hätte.

Der Anruf Sabrinas hat mich richtig Geld gekostet. Einfach deshalb, weil ich an diesem Morgen keines verdient habe.

Kurze Frage: Wie gehen Sie eigentlich mit Ihrem Verkaufsmitarbeiter oder Ihrer Mitarbeiterin um, bevor er oder sie Kunden besucht?

Das mit der Stimmung ist tatsächlich so eine Sache. Wenn Sie sich in der Stadt aufhalten, vielleicht mit dem Bus oder mit der U-Bahn fahren, im Supermarkt sind, achten Sie da manchmal auf die Geräuschkulisse? Nehmen Sie die Mütter mit ihren Kindern wahr, die Pärchen, die zusammen einkaufen, die älteren Menschen, wenn sie in Gruppen zusammenstehen? Wie ist der Tonfall? Schwingt da nicht viel zu oft ein Maßregeln, Schimpfen, Klagen und Jammern mit? Sind die Gesichter, wenn wir sie uns betrachten, nicht meistens mürrisch, nörgelnd, reizbar? Geht es diesen Menschen wirklich so schlecht?

Eine Bekannte erzählte mir kürzlich von ihrer rüstigen einundachtzigjährigen Mutter. Sie ist eine für ihr Alter attraktive Frau, und bis auf kleine Zipperlein völlig gesund. Sie läuft gerne und viel, wohnt mit zwei ihrer drei Kinder gemeinsam in einem Haus, lebt also nicht alleine. Wenn sie ihre Freundinnen trifft, wird viel über Krankheiten geredet: zu niedrigen Blutdruck, zu hohen Blutdruck, Bandscheibenprobleme, Hüftbeschwerden … Ihre Mutter kann dazu wenig beitragen, denn sie hat ja nichts, nichts Wesentliches jedenfalls. Wenn sie gefragt wird: „Wie geht's?", müsste sie mit einem klaren und strahlenden: „Mir geht es gut!" antworten. Das macht sie aber nicht, sondern sie überlegt, antwortet zögerlich, beginnt mit: „Na ja, ähm … eigentlich ganz gut, aber …" Und dann folgt eine Reihe von Beschwerden, die sie nicht hat, aber haben könnte, und wenn nicht jetzt, dann bestimmt irgendwann. Manchmal, wenn es selbst ihr zu viel wird mit dem Gejammere, fragt sie dazwischen: „Wie viel kosten die Kartoffeln?" Da alles, nur keine Kartoffeln das Thema sind, verharren die Leute einen Moment, lachen im besten Fall und kommen dann meist wieder auf Themen zurück, über die es sich zu reden lohnt.

Wir können uns mit Worten in eine gute oder schlechte Stimmung bringen. Wir können mit Worten unsere Familie oder unser *business* zum Erfolg führen – oder in den Misserfolg treiben. Wir können uns mit Worten AN oder AUS machen. Wenn ich als Frau im Freundes- oder Bekanntenkreis schlecht über meinen Partner oder Ehemann rede, wenn ich die Kinder öffentlich kritisiere, kann ich das Familienleben komplett ruinieren. Worte haben eine enorme Kraft, vor allem wenn wir den Inhalt in unserem Bewusstsein als wahr und richtig anerkennen. Ein Mann, über den schlecht geredet wird, wird niemals erfolgreich sein. Und Kinder, die verbal niedergemacht werden, werden nach Beendigung der Schule Schwierigkeiten haben, ihren Weg zu finden. Frauen sind sich nicht bewusst, was es bewirkt zu sagen: „Mein Mann ist ein *loser*, der schafft das nicht!" Oder: „Meine Kinder kriegen das eh nicht auf die Reihe!"

Wenn eine solche Frau ihre Familie im Auto chauffieren würde, und sie käme in eine brenzlige Situation: glatte Fahrbahn, Auffahrunfall vor ihr, jemand schneidet sie, missachtet die Vorfahrt ..., dann würde sie alles dransetzen, um ihre Familie zu retten und heil aus der heiklen Situation herauszukommen. Sie wäre voll konzentriert, messerscharf in ihren Entscheidungen, denn sie müsste das Unheil abwenden und die Situation ins Positive kehren. Sie würde so handeln, weil sie die Konsequenzen sofort spürt. Die Situation eines möglichen Unfalls ist jetzt, in dem Moment. Ihn gilt es augenblicklich abzuwenden.

Benutzt sie aber ihren wichtigsten Körperteil, die Zunge, fahrlässig, redet schlecht über ihre Familie, hat das im Moment keinerlei sichtbare Auswirkungen. Erst wenn die Worte Kreise ziehen, wenn die Meinung der Leute geprägt ist, wenn niemand mehr an den Erfolg ihres Mannes oder die guten schulischen Leistungen ihrer Kinder glaubt, dann sät sie schlechten Samen, dessen Ernte bald als vernichtendes Resultat sichtbar wird. Aber dann ist es zu spät. Einmal Gesagtes kann man nicht zurücknehmen.

Nehmen wir den Businessbereich: Sie sind zum Beispiel Projektleiterin oder arbeiten aktiv in einem Projekt mit. Sie versemmeln die Aufgabe, und der Kunde entzieht Ihrer Firma den Auftrag. Das ist schlimm. Aber die Tatsache hat keine direkte Auswirkung auf Sie. Sie haben den Job nur versemmelt. Sie verlieren Ihre Anstellung nicht. Wenn Sie aber anfangen schlecht zu reden, weil Sie vielleicht der Meinung sind, dass Kollege X Ihnen nicht optimal zugearbeitet hat und Kollegin Y nicht qualifiziert genug war, dann werden Sie nicht mehr befördert und verbauen sich Ihre Karriere. So können Sie sagen: „Okay, ich habe daraus gelernt, und beim nächsten Mal klappt es besser!"

Wenn ich meinen *wichtigsten Körperteil* nicht im Griff habe, kann das für mich große finanzielle Auswirkungen haben. Wenn ich drei bis vier Beförderungen verpasse, kommt über die Jahre schnell eine beachtliche Summe zusammen. Und das alles nur, weil ich mich ungerecht behandelt und benachteiligt fühlte, weil ich gequatscht habe.

Erfolgreich sind die Frauen, die auf ihre Zunge achten. Erfolgreich sind die Männer, Söhne und Töchter von Frauen, die wissen, dass Worte vernichten können. Seien Sie eine erfolgreiche Frau!

13. Frauen früher und heute

Die Geschichte – HISTORY – ist männlich. HIS STORY! Frauen wurden aus dem Spiel um Macht und Geld weitestgehend herausgehalten. In Politik und Wirtschaft spielten sie über Jahrhunderte so gut wie keine Rolle, und an den Universitäten war kein Platz für sie. Lange Zeit wurde sogar darüber gestritten, ob Frauen von ihrer geistigen Leistungsfähigkeit und körperlichen Verfassung her überhaupt für ein Studium geeignet wären. Dorothea Erxleben aus Quedlinburg war 1754 die erste Frau, die an der Universität Halle zur Promotion zugelassen wurde. Die Universität of Oxford, eine der ältesten und renommiertesten Universitäten der Welt, erlaubt es Frauen seit 1878, an den Colleges zu studieren. Und der Lions Club, der 1917 als reiner Herrenklub für Gesprächsrunden und nicht-öffentliche Vortragsveranstaltungen gegründet wurde, nimmt erst seit 1989 auch Frauen auf.

Heute sind Frauen in der Politik vertreten, sitzen, wenn auch noch in geringer Zahl, in den Aufsichtsratsgremien großer Konzerne, sie gründen Unternehmen und führen ihr Leben selbstbestimmt. Und doch herrscht noch immer ein Ungleichgewicht.

Ich gebe zu, es ist für eine Frau sehr schwer, den richtigen Weg einzuschlagen. Wenn sie Kinder bekommt, wird von ihr gleichzeitig erwartet, auch Karriere zu machen. Wenn sie Karriere macht und sie hat Kinder, ist sie in den Augen vieler eine Rabenmutter. Und wenn sie sich ausschließlich auf ihre Karriere konzentriert, sollte sie doch lieber Kinder in die Welt setzen. Es ist also völlig egal, was sie macht, es ist sowieso nicht richtig. Deshalb gibt es nur einen Weg: Nach eigenen Regeln zu leben, *go your own way!*

Ich möchte das nur noch einmal ausdrücklich gesagt haben. Denn mir ist wichtig, dass Frauen ihren Weg gehen. Und vor allem beruflich weiter nach „oben" kommen und sich nicht mit Zuarbeit oder unterstützenden Tätigkeiten zufriedengeben.

Wenn ich mir beispielsweise eine bekannte, weltweit agierende Network-Marketinggesellschaft ansehe, dann arbeiten in der unteren Hierarchie fast ausschließlich Frauen. In den Personalanzeigen steht in etwa sinngemäß: „Liebe Frau, wenn du unsere Produkte verkaufst, dann kannst du monatlich den und den Betrag (dazu-)verdienen."

Die Männer merken dann sehr bald, wie erfolgreich ihre Frauen sind, und steigen mit ein. Hier wird jedoch nicht von *Dazuverdienen* gesprochen, sondern den Männern wird ganz klar gesagt: „Pass mal auf, wenn du den und den Level erreicht hast, kriegst du einen Porsche!"

Es gibt im Unternehmen ein Punktesystem, das den Verkaufserfolg bewertet. Je höher die Hierarchiepyramide, umso weniger Frauen sind zu finden. Sind es unten noch fünfundneunzig Prozent, sind es oben vielleicht nur noch zehn.

Da frage ich mich tatsächlich: Haben die Frauen keinen Bock auf das Geld und die Position, wollen die nicht nach oben kommen? Oder werden sie an der Spitze von den Männern verdrängt? Denn in dieser Struktur ist es für jeden möglich, weiterzukommen. Hier gibt es nicht das, was die Amerikaner eine „Glasdecke" nennen: bis hierhin und nicht weiter. Ich brauche keine Fachausbildung, muss nur kommunikativ, fleißig und einsatzfreudig sein.

Trotzdem: Kaum Frauen an der Spitze.

Wenn ein Vorwärtskommen nicht an der „Glasdecke" scheitert, weil diese gar nicht vorhanden ist, liegt es meiner Meinung nach daran, dass die Frauen der unteren Hierarchieebenen nicht richtig sprechen, nicht richtig spielen, keine eigenen Regeln haben und nicht ihren Weg gehen.

Was meinen Sie dazu?

14. Drama machen

Frauen haben in meinen Augen ein bisschen Pech. Sie sind dafür berühmt, Dinge persönlich zu nehmen, *drama* zu machen. Sie haben es schwer. Und es wird ihnen schwer gemacht.

Wenn ich mir eine der typischen Männerzeitschriften angucke, dann ist auf dem Titelbild vielleicht ein gutaussehender Kerl mit einem Dreitagebart, in einem lässigen Anzug und mit einer *Breitling* am Handgelenk abgebildet. Im Innenteil geht es um schnelle Autos, exotische Reisen und sonstige *coole* Sachen. *Fun*-Sachen. Viele *Fun*-Sachen. *Coole Fun*-Sachen.

Wenn ich mir dagegen eine typische Frauenzeitschrift ansehe, da gibt es gleich auf dem Cover einen Hinweis auf eine erfolgreiche Cellulitis-Behandlung, eine Ich-pass-in-den-Bikini-Diät und den neuesten Herbst- oder Frühjahrslook. Denn es ist uncool, in den Sachen vom vergangenen Jahr rumzulaufen. Die sind definitiv *out*.

In allem mitzuhalten, gut auszusehen, nicht älter zu werden, eine Bikini-Figur zu haben und sich nach den aktuellsten Trends zu kleiden – das ist SCHWER. SO SCHWER.

Und der Mann schert sich einen Dreck darum. Wird immer dicker, verdient dickes Geld, kauft sich ein dickes Auto und eine dicke Uhr – und wird im Alter noch interessanter. Das ist UNGERECHT. SO UNGERECHT.

Dann kommt das mit dem Böse, dieser heimliche Neid, diese Missgunst auf alle, die es vermeintlich besser haben. Das ist ein elender Kreislauf. Aber wissen Sie was? Pfeifen Sie auf den ganzen Mist! Machen Sie sich Ihre eigenen Regeln von wegen Cellulitis, Bikini-Diät und dem neuesten Modetrend. Wissen Sie eigentlich, wie viele Männer gerne Sex mit einer molligen Frau haben oder gerne haben würden?

Okay, ich kann dazu nicht wirklich was sagen, auch wenn ich viele Jahre mit Frauen befreundet war und mit einigen von ihnen zusammenlebte. Jetzt lebe ich mit einem Mann – und habe auch lieber Sex mit ihm. Aber ich habe doch lieber Sex mit einem Mann, der AN ist, mit dem ich Spaß habe, weil ich weiß, durch den Spaß gewinnen wir andere Menschen für uns. Wenn wir andere Menschen für uns gewinnen, gewinnen wir Vertrauen. Und Vertrauen schafft Arbeit und Geld. Das ist der positive Kreislauf. Das ist doch besser, als wenn ich mit einem ewig nörgelnden, auf seine Figur achtenden und in Boutiquen herumlaufenden Idioten zusammen bin, oder etwa nicht?

15. Weg mit den Machotypen

Worüber sind sich 99,99999999999 Prozent der Frauen einig? Diese Machotypen, sexgierigen Kerle, Aufreißer, Hundesöhne, Bastarde, Blödmänner, Affen, Narzissten, Warmduscher, Idioten, Ballermänner ... abzuschaffen, einfach AUS zu machen!

Aber hallo, meine Damen! Ihr kleidet euch sexy, tragt die heißesten Stilettos, die tiefsten Dekolletés, die kürzesten Miniröcke, schüttelt beim Gehen alles, was ihr habt, aber ihr wollt uns Mannsbilder abschaffen, einfach AUS machen ... und das nur, weil wir angeblich immer nur DAS EINE wollen?

Männer sind neugierig. Wie Kinder. Okay, nach einiger Zeit nutzt sich der Magnetismus zwischen Männern und Frauen weiter ab. Lassen Sie ihn uns wieder herstellen. Lassen Sie uns das intellektuelle, das emotionale und das instinktive Gehirn wieder auf AN drehen. Das lernt man nicht auf einer Universität, wo es ums Auswendiglernen geht. Das lehrt das Leben. Ein Mann will Sex, Nähe und Akzeptanz. Wenn Sie zu ihm sagen: „Ich liebe dich", reicht das nicht. Liebe ist nur ein Wort. Er braucht Anzeichen der Liebe, spürt aber nur Ihre innere Wut, die Ihnen selbst vielleicht nicht einmal bewusst ist. Warum? Weil Ihre Libido eingefroren ist. Ja, ich muss immer wieder auf das Thema zurückkommen, weil es so wichtig ist. Denn weil Ihre Libido eingefroren ist, haben Sie den Wunsch, ihm so viele seelische Schmerzen wie möglich zu bereiten, ihn hilflos zu machen, ihn vielleicht sogar hinauszuwerfen. Soll er doch sehen, wo er bleibt! Es ist immer das Gleiche: Der Mensch sieht, was nicht funktioniert und ignoriert, was völlig in Ordnung ist.

Pädagogen empfehlen Eltern, ihre Kinder mit Konsequenz und nicht durch Strafe zu erziehen. Damit meinen sie, dass Kinder an ihre Grenzen stoßen müssen, um dann die natürliche Konsequenz zu erfahren. Ein Sprichwort sagt: *Das gebrannte Kind scheut das Feuer.* Wenn es also zu schnell läuft, stürzt es und tut sich weh. Wenn es seinen Spinat nicht isst, hat es bald wieder Hunger. Wenn es häufig schreit, reagieren die Eltern genervt und verlieren die Geduld mit ihm.

Wenn Sie also möchten, dass Ihr Mann, Freund oder Lebensgefährte Sie lieben, unterstützen und durchs Leben begleiten soll, dann lassen Sie ihn, wenn er Ihre Regeln bricht oder nicht mitspielen will, die natürlichen Konsequenzen spüren, aber drohen Sie ihm nicht, etwa: „Wenn du das und das nicht endlich tust, gibt es am Wochenende keinen Sex." Aber vielleicht haben Sie aus bestimmten Gründen einfach keine Lust, das kommende Wochenende mit ihm zu verbringen, sondern verabreden sich mit Freunden zum Golf, Tennis oder zum Wandern in die Berge. Einfach so. Ohne *drama.*

Und wenn Sie möchten, dass Ihr Geschäftspartner oder Chef Sie achten und respektieren soll, dann machen Sie Ihre Regeln, seien Sie konsequent in der Umsetzung und zeigen Sie durch Freude Ihre Liebe zu Ihrem Job.

Doch Achtung: So ein Prozess entwickelt sich langsam, wirklich langsam. Er braucht seine Zeit. Es ist schwierig, einem alten Hund einen neuen Trick beizubringen. Sie kennen das.

Benutzen Sie Ihre Intelligenz nicht, um Männer zu bestrafen, wie es leider viele Frauen tun. Setzen Sie Ihre ganze Intelligenz ein, um Ihr eigenes Leben zu genießen. Und erziehen Sie Ihren Mann oder Geschäftspartner, es gemeinsam mit Ihnen ebenfalls zu tun.

Teil 4

Alles richtig machen, aber wie?

1. Dinge persönlich nehmen

Ich habe es bereits anklingen lassen: Frauen nehmen Dinge persönlich und gehen oft sogar davon aus, dass gar die Beziehung oder Geschäftsbeziehung gefährdet ist. Sie wissen vielleicht selbst, wie oft Sie sich mit Vorwürfen herumquälen, die Sie verletzt haben und noch Tage danach an Ihnen nagen. Immer fühlen Sie sich für alles verantwortlich, dabei war vielleicht nur die Konstellation eine unglückliche. Oder: Sie haben eine Veranstaltung organisiert, alles lief perfekt, nur eine winzige Kleinigkeit hat nicht geklappt. Und an der ziehen Sie sich jetzt hoch.

Wenn eine Frau sich dem Wettbewerb stellt – sei es eine Bewerbung um eine höhere Position oder die Präsentation einer Idee oder eines Produktes –, und sie gehört zu den Verlierern, nagen sofort Selbstzweifel an ihr: Ich bin nicht gut genug, ich habe mich nicht gut genug vorbereitet, ich hätte es besser machen können. Warum nur habe ich versagt?

Ein Mann sieht das viel lockerer. Er ist zwar auch mit dem Wunsch zu gewinnen in den Wettbewerb gegangen, diesmal hat er verloren. Pech. Dann klappt es eben beim nächsten Mal. So ist das Spiel, sein Spiel.

Dass Frauen Dinge persönlich nehmen und auf Kritik empfindlich reagieren, soll einer These nach aus der frühen Vorzeit stammen, als Frauen Kritik als Warnsignal empfunden haben. Sie waren, während die Männer jagten und sie alleine die Kinder versorgen mussten, auf den Schutz der Gemeinschaft angewiesen. Das hat ihre emotionale Empfindsamkeit geprägt, die wichtig war fürs Überleben.

Doch es gibt noch einen Grund, und den sprach ich bereits in einem vorherigen Kapitel an: Frauen spielten über Jahrhunderte in Wirtschaft und Politik kaum eine Rolle, und selbst ein Studium an einer Hochschule war ihnen lange Zeit verwehrt. Eine Frau, die eigene Ideen hatte und vielleicht noch versuchte, diese umzusetzen, war in der Gesellschaft nicht erwünscht. Frauen sollten nicht denken. Sie sollten Kinder zur Welt bringen und sich um die Familie kümmern, während Jungs schon von Kindheit an lernen, dass sie tolle Kerle sind. Und wenn sie einen Fehler machen, wird darüber gelacht. Die Eltern sehen es als Reifeprozess, denn aus Fehlern wird man einem Sprichwort nach vermeintlich klug, weil man aus ihnen lernt.

Wie verhalten Sie sich nun, wenn Sie von Ihrem Geschäftspartner, Vorgesetzten oder Kollegen kritisiert werden?

Keinesfalls sollten Sie sich rechtfertigen oder gar die Schuld auf andere schieben. Schmollen ist ein absolutes No-Go! Und auch die Geschäftsbeziehung ist meist nicht in Gefahr, da kann ich Sie beruhigen. Atmen Sie erst einmal tief ein und aus, hören Sie zu und denken Sie anschließend entspannt darüber nach, ob die Kritik berechtigt war oder nicht. Denn bedenken Sie: Nur Fehler und deren Erkenntnis daraus bringen Sie weiter. Lob ist zwar wichtig, schmeichelt aber nur Ihrem Selbstwertgefühl.

2. Ich mach die Arbeit, und ER bekommt die Anerkennung

Nehmen wir an, Sie arbeiten als Assistentin in der Geschäftsleitung eines mittelständischen Unternehmens. Der Chef, für den Sie tätig sind, hat Alkoholprobleme. Er versucht, diese zu verbergen, doch Sie erwischen ihn manchmal, wenn er heimlich zum Flachmann greift, und hin und wieder bemerken Sie, dass er sich nur schwer artikulieren kann. Es gibt Tage, da ist seine Leistungsfähigkeit weit unter null. Sie müssen dann für ihn Termine ausmachen, persönliche Gespräche führen, ihn in Sitzungen vertreten. Sie müssen mehr leisten, als eine Assistentin eigentlich leisten müsste. Sie arbeiten auf Geschäftsführungsniveau, und das zum Gehalt einer mittleren Angestellten.

Jetzt könnten Sie natürlich sagen: „Mich nervt das gewaltig. Der ist fast nur noch blau, und ich schufte für ihn." Sie könnten aber auch sagen: „Okay, ich leiste viel mehr, als ich müsste, doch durch den Umstand lerne ich hinzu, trage Verantwortung, werde sicherer im Umgang mit Menschen. Wenn ich die Firma eines Tages verlassen sollte (und das sollten Sie bei diesem Chef tatsächlich irgendwann), kann ich sagen: Ich hatte zwar einen Vertrag als Assistentin, doch da mein Chef wegen Krankheit öfters ausfiel, konnte ich Aufgaben übernehmen, die mich heute in die Lage versetzen, eine Abteilung zu leiten."

Ich habe in einem Buch einmal einen schönen Satz gelesen: *Männer werden bis zur Stufe ihrer Unfähigkeit befördert!* Ja, so ist das. Ich habe oft in einem Großkonzern in Hamburg zu tun, dort geht alles sehr bürokratisch zu: Beförderungsstufe F4, F3, F2, F1 – ab da geht es ab in die Vorstandsebene. Diese Männer haben meist alle Assistentinnen, die den Job für sie machen. Die delegieren nur noch. Hier stellt sich für eine Frau wieder die Frage: Teilt er die Früchte des Erfolgs mit mir? Und wenn ja, bin ich damit zufrieden, oder wäre es besser für mich, meinen eigenen Weg zu gehen? Denn eines muss ich wissen: Ich bin für diese Führungskräfte von unschätzbarem Wert. Aber ich werde nicht befördert, weil sie mich an ihrer Seite brauchen und ohne mich vielleicht sogar kläglich scheitern würden.

3. Eine Maske tragen

Wir sind nicht an jedem Tag gleich gut drauf, wir können unsere Sorgen und Nöte auch nicht immer nach außen tragen, und hin und wieder haben wir auch mal Kopfschmerzen oder einfach nur schlechte Laune. Obwohl es uns manchmal nicht gut geht, setzen wir am Arbeitsplatz ein Lächeln auf, verstecken uns hinter einer freundlichen Maske. Die meine ich nicht, wenn ich von „einer Maske tragen" spreche. Ich meine die Maske, hinter der wir uns verstecken, indem wir vorgeben, ein völlig anderer oder eine völlig andere zu sein. Statt souverän und selbstbewusst, wie wir nach außen erscheinen, sind wir unsicher und von Selbstzweifeln geplagt. Statt Kompetenz können wir in Wahrheit nur mit Wissenslücken glänzen. Und anstatt dem Geschäftspartner oder Vorgesetzten eine wirkliche Stütze zu sein, intrigieren wir hinter seinem Rücken.

Es gibt Frauen, die geben sich im Beruf kämpferisch, weil sie glauben, kämpfen zu müssen. Sie setzen eine Maske auf. Andere Frauen tun so, als würden sie Männer schätzen. In Wahrheit gärt ein großer Hass in ihnen, aus welchem Grund auch immer. Sie setzen eine Maske auf. Andere appellieren beim Mann an seinen Beschützerinstinkt. Sie spielen das Mädchen. Auch sie setzen eine Maske auf.

Käpt'n Cool:
Es ist schon einige Zeit her. Ich war mit einer Studienkollegin unterwegs und verkaufte Projekte. Sie war eine großartige junge Frau mit viel Humor, die mit beiden Beinen im Leben stand. Wir verstanden uns gut und hatten viel Spaß miteinander. Eines Tages sollten wir vor einer Gruppe Interessierter eine Imageanalyse für Unternehmensberater vorstellen. Kein Problem, sagten wir uns. Wir wissen, wie die Studie zustande kam, und auf den Mund gefallen sind wir beide nicht. Es war seltsam, noch bevor wir gemeinsam den Raum betraten, spürte ich eine Veränderung. Cora war nicht mehr die Frau mit dem wachen, warmherzigen Blick. Sie war Käpt'n Cool. Völlig unnahbar.

Mensch, dachte ich, was ist denn mit der los? Wird die wieder? Ich hatte das Gefühl, mit einer völlig fremden Frau in die Veranstaltung zu gehen.

Zunächst redete ich, machte die Einführung. Dann kam Cora und stellte die Details der Studie vor. Sie machte das fachlich sehr gut, nur ihre Art ... Sie wissen schon. Sie hatte noch nicht geendet, da stellte ein Zuhörer eine Zwischenfrage. Anstatt ihr Lächeln aufzusetzen, das ich an ihr so mochte, die Frage kurz zu beantworten, um dann mit der Präsentation fortzufahren, ging sie den Mann aggressiv an. Nach dem Motto: „Du Idiot, zweifelst du etwa an meiner fachlichen Kompetenz?" Sie war voll im Kampfmodus. Vorfälle dieser Art wiederholten sich, und schließlich sprach ich sie darauf an. „Du, äh, Cora ... deine Aggressivität, wenn einer eine Frage stellt, geht's noch?"

Sie schaute mich mit ihren schönen Augen an, ziemlich kühl. Sie war noch immer Käpt'n Cool, steckte in ihrer Rolle fest. „Mensch Karsten", sagte sie empört, „solche Typen wollen mich aufs Glatteis führen, die wollen mich testen, ob ich was drauf hab!"

Ich schüttelte den Kopf. „Kannst du dir vielleicht vorstellen, dass die einfach nicht folgen können? Der heute hatte vielleicht nur keine Zeit, sich auf den Vortrag vorzubereiten. Der ist doch auch NUR EIN MANN!"

Ich nenne solche Frauentypen *Käpt'n Cool*, aber ehrlich gesagt sind die für mich Zicken. In jedem Fall machen sie beim Mann die Lampe AUS.

Die *Hinterlistige*

Ich leitete vor vielen Jahren eine Abteilung in einem großen Unternehmen und hatte eine Kollegin, die ebenfalls Abteilungsleiterin war, jedoch die Arbeit von mir und meinen Leuten kontrollieren sollte. Wenn ich mich mit meinem männlichen Kollegen austauschte, machte ich das eher unkonventionell: Ich griff zum Haustelefon und sagte zum Beispiel: „Pah, das mit dem XY aus deiner Abteilung klappt ja gar nicht. Alles, was der mir geliefert hat, ist völlig daneben.

Können wir mal darüber sprechen? ... Wie lange bist du heute da? ... Okay, dann komme ich vorbei!" Ich wusste genau, wenn der mir versprach, was zu ändern, dann klappte das auch. Der wusste aber auch, wenn er nichts änderte, dann kämpfte ich darum auf „Leben und Tod". Ich muss das hier so drastisch sagen, denn wir Männer spielen so unser Spiel. Immer klare Linie und immer bis zum Äußersten! Meine Kollegin konnte das nicht. Sie konnte nicht einfach sagen: „Herr Edelburg, ich muss mal mit Ihnen reden, das und das gefällt mir nicht." Die hat sich alles notiert und dann unserem gemeinsamen Vorgesetzten präsentiert. Heimlich. Hinter meinem Rücken. Weil sie damit nicht weiterkam, erfand sie einen roten Reiter. Komisch, ausgerechnet in der Zeit, als ich in München war und mir im Lehnbachhaus eine Ausstellung *Der Blaue Reiter* angesehen habe. Wassily Kandinsky, Franz Marc ... Dieser rote Reiter amüsierte mich. Er klebte auf fast allen Produkten und Maschinen, die ich produzieren ließ. Überall diese roten, feuerroten Reiter. Große rote Blechreiter.

Ich fragte mich damals, warum sie das macht, anstatt einfach mit mir zu reden: von Frau zu Mann! Heute weiß ich, sie konnte das nicht. Sie fühlte sich in der Firma als Frau nicht akzeptiert. Sie stand unter Druck. Sie war ihrer Rolle nicht gewachsen, glaubte, man nehme sie nicht ernst. Dazu war sie eher klein – und ich neben ihr mit meinen ein Meter zweiundneunzig. Aber sie wäre eine Große gewesen, wenn sie mir offen begegnet wäre.

Die *Kämpferin*
Ich erinnere mich an eine Geschäftsführerin bei einer Firma in Hamburg, die elektronische Geräte für den Schiffsbau herstellte. Eine Männerwelt. Und dann diese Frau, eine der wenigen weiblichen Führungskräfte im Unternehmen. Ich zollte ihr Respekt. Leider dachte sie: Ich bin jetzt in einer

Männerwelt, also muss ich kämpfen! Sie wusste aber nicht, wie Männer die Säbel wetzen. Die kämpfte völlig falsch, schrie herum. Manchmal dachte ich: Mein Gott, gleich fängt sie an zu heulen.

Sie machte sich und den anderen Druck, was sie viel Kraft und Energie kostete, so dass sie immer wieder ausfiel und oft krank war. Schließlich verließ sie das Unternehmen. Sie verstand das Spiel einfach nicht.

Natürlich, die Maschinenbaubranche wirbt mit Hochglanzbroschüren, wirbt die jungen Leute von den Unis ab. Da laufen die erst mal auf dicken Teppichen und Marmorböden rum und sitzen hinter eleganten Schreibtischen, um Power-Point-Folien zu erstellen. Die lernen aber nicht, sauber mit Menschen umzugehen und verlässliches *business* zu machen. Aber irgendwann müssen die raus auf die Baustellen. Da raucht's und da stinkt's. Dort sind Kerle, die lassen sich von einem im Anzug oder einer im Kostüm nicht einfach was sagen. Die lassen die auflaufen. Da weht ein rauer Wind. Und der Kunde hat immer recht.

Das *Mädchen*

Es gibt Frauen, intelligente Frauen, die spielen das naive Mädchen. Da krieg ich die Krise. Aber ... diese Frauen kommen oft supergut an. Sie appellieren an den Beschützerinstinkt des Mannes, schmeicheln ihm, sind gespielt zaghaft in ihrem Verhalten und lassen ihn alle Entscheidungen treffen. Aber ... diese Frauen werden in einer Partnerschaft nie ebenbürtig agieren. Die werden nie aus einem Klempner einen Bürgermeister machen!

Die *Zicke*

Unter diesen Begriff fallen für mich alle Frauen, die unberechenbar sind. Männer sagen, wenn sie unter sich sind, auch *Kampflesbe* oder *Warzenfrau* dazu. Zicken sind engagiert, oft sogar leidenschaftlich in dem, was sie tun, doch sie wollen dominieren und alles unter Kontrolle haben. In der Abteilung sind sie nicht beliebt.

Die *Mannfrau*

Schlimm ist auch der Typus Frau, der wie ein Mann agieren will. Plötzlich beginnt Frau Müller sich für Fußball zu interessieren, wo sie vorher vielleicht nicht einmal wusste, dass eine Spielzeit zwei mal fünfundvierzig Minuten dauert. Aber Vorsicht. Da brauche ich als fußballbegeisterter Mann nur mal eine Fangfrage zu stellen, und schon fliegt die Frau auf. Da sage ich nur mal flapsig: „Ach, der XY spielt doch bei Borussia Dortmund." Und sie: „Ja, genau!" Aber tatsächlich hat ihn Bayern München verpflichtet. Da ist sie enttarnt und für mich durch.

Ich sage einer Frau: „Das ist alles falsch. Diese Masken bringen dich nicht weiter. Komm in deine Blüte!" Ich weiß, das hört sich jetzt blöd an. Blüte. Okay, dann sage ich es anders: Sei einfach ganz Frau! Lebe deine Identität mit ganz eigenen Interessen, pass dich nicht der Männerwelt an und fang um Himmels willen nicht an zu kämpfen. Mach deine eigenen Regeln. Männer lieben Regeln. Die werden sich fragen: „Was hat sie für welche?" Und wenn die merken, wo's langgeht, können sie mitspielen oder auch nicht. Das heißt dann aber nicht, dass Sie als Frau sich Männerregeln schaffen müssen, um akzeptiert zu werden. Da müssen Sie *cool* bleiben. Irgendwann schnallen die Jungs es schon. Und noch etwas: Für einen Mann ist eine Frau, die eine Maske trägt, in der Regel völlige Zeit- und Geldverschwendung!

4. Regeln schaffen

Regeln sind der rote Faden im (Berufs-)Leben, die Linie, der ich folgen und an der ich mich orientieren kann. Leider gibt es kein Patentrezept für Regeln. Ich kann nicht sagen: „Wenn Sie im Leben erfolgreich sein wollen, gibt es die Regeln A, B und C, und wenn Sie sich daran halten, läuft alles rund." Als Künstlerin werden Sie sich andere Regeln schaffen als eine Informatikerin oder Lehrerin. Und wenn Sie in einem Großunternehmen arbeiten, wird anders gespielt als in einer kleinen mittelständischen Firma. Wenn Sie sich jedoch Ihre eigenen Regeln schaffen, werden Sie sensibilisiert sein: Spielen die Kolleginnen und Kollegen nach meinen Regeln, oder spielen sie ein kleines schmutziges Spiel mit mir? Und haben die überhaupt *eigene* Regeln? Oft sind Regeln unausgesprochen, dann ist Vorsicht angesagt. Ein Geschäftspartner oder ein Team richtet sich nicht vordergründig danach, aber sie spielen eine Rolle und stehen nicht selten im Missverhältnis zu den ausgesprochenen.

Ein Beispiel: Eine Regel im Unternehmen könnte sein, dass Überstunden grundsätzlich nicht bezahlt werden und auch nicht als zusätzliche Urlaubstage anerkannt werden. Eine unausgesprochene: dass in Absprache mit den Kolleginnen und Kollegen sporadisch Freistunden genommen werden können, insbesondere nach langen Projektsitzungen oder nach einer Messe. Das geht so lange gut, bis die Geschäftsführung den Mitarbeiter, der sich gerade „freigenommen" hat, dringend braucht. Das könnte nachhaltige Konsequenzen nach sich ziehen.

Jetzt fragen Sie sich vielleicht: „Ja, und ich, welche Regeln soll ich denn für mich aufstellen?" Regeln sind oft kleine Dinge, die aber nicht zu unterschätzen sind und zeigen, dass Sie wissen, was Sie wollen. Dass Sie die Richtung vorgeben. Und was Sie von Ihrem Geschäftspartner erwarten. Falls Sie selbständig sind und eine Dienstleistung anbieten, könnte es bedeuten, dass Sie das erste Gespräch grundsätzlich beim Kunden führen – als Service und zum besseren gegenseitigen Kennenlernen.

Eine andere Regel könnte sein, dass Sie während einer Besprechung keine klingelnden Handys wünschen. Sie gehen also in eine Präsentation und sagen in etwa sinngemäß: „Also, meine Herren, meine Damen, ich gehe davon aus, dass Sie alle Ihre Handys ausmachen, denn ich denke, Sie schätzen die Zeit mit mir. Ich gehe weiterhin davon aus, dass wir nach der Angebotspräsentation zu einem für beide Seiten zufriedenstellenden *win-win*-Ergebnis kommen werden." Das ist eine klare Ansage. Und so ist von vornherein der Druck raus, der vielleicht auf Ihnen gelastet hat. Sie spielen Ihr Spiel nach Ihren Regeln!

Ich selbst bin immer neugierig auf Regeln von Geschäftspartnern oder Organisationen. Und vor allem auf die Spieler. Und ich frage mich: Halten die sich an die Regeln, kritisieren sie diese oder fangen sie an, selbst eigene zu machen, nach denen dann gespielt werden soll?

Ein Freund von mir sagte einmal: „Wenn Frauen die christliche Religion beeinflusst hätten, dann wären es nicht zehn Gebote geworden, sondern dreihundert. Weil Männer sich so wenig merken können, sind es nur zehn geworden."

Gehen Sie ruhig verschwenderisch mit dem Erstellen von Regeln um. Bedenken Sie: Im Fußball laufen zweiundzwanzig Leute einem Ball hinterher, und es gibt zahlreiche Regeln. Wird ein Tor geschossen, springen alle Männer des betreffenden Vereins auf, werfen die Arme in die Luft und schreien: „Toooor!" Keinem dieser Männer würde es einfallen, irgendeine Regel zu hinterfragen. Oder haben Sie schon einmal erlebt, dass ein Fußballer einen Fünfmeterstrafstoß statt eines Elfmeters verlangt hat?

Auch im Privaten sollten Sie Regeln aufstellen: Mein Lebenspartner und ich haben zum Beispiel die Regel, dass, wenn einer von uns OFF ist, also einfach nicht empfangsbereit, weil er die Situation nicht im Griff hat oder sich nicht wohlfühlt, für einige Zeit den Raum, die Wohnung oder das

Haus verlässt, um den anderen nicht auch noch OFF zu machen. Unsere Hauptregel jedoch ist, uns gegenseitig ON zu machen, also voll AN und auf Empfang zu sein. So zeigen wir unseren Respekt voreinander, sind gegenseitig unsere Tankstelle. Ich unterstützte ihn bei dem, was er möchte. Er unterstützt mich bei dem, was ich gerne möchte. *Tit for tat.* Manchmal muss eine Regel zunächst beobachtet werden, bevor der Partner oder Geschäftspartner darauf anspringt. Bevor man merkt, die Regel funktioniert. Ob ein Flugzeug wirklich fliegt, hängt von der Schwerkraft ab, sie bestimmt die Regel. Wer bestimmt die Regeln für eine leidenschaftliche Beziehung? Die gegenseitige Anziehungskraft. Wer bestimmt die Regeln für eine erfolgreiche Geschäftsbeziehung zwischen Frauen und Männern? Die Anziehungskraft, die gegenseitige Sympathie und das Vertrauen.

Frauen wird nicht beigebracht, Regeln aufzustellen. Dieses Buch hilft Ihnen vielleicht dabei.

Machen Sie die Regeln nicht für Männer, machen Sie die Regeln für sich selbst. Und dann schauen Sie, ob sich die Männer in Ihrem Umfeld davon angesprochen fühlen oder nicht. Männer lieben Regeln. Sie werden kommen, „schnüffeln", ob sie ihnen passen. Wenn es zu Konflikten kommt, überprüfen Sie Ihre Regeln, passen Sie sie gegebenenfalls an, so lange, bis es für Sie beide passt und Sie gut damit leben können.

Wenn Ihr Lebenspartner jedoch absolut nicht interessiert ist, Ihre Regeln zu akzeptieren, dann wird er möglicherweise gehen. Machen Sie dann kein *drama*.

Wenn Ihr Geschäftspartner Ihre Regeln rigoros ablehnt, dann sollten Sie sich nach einem anderen umsehen.

Merke: Große Spieler spielen nach Regeln. Je höher die Menschen in ihrer Position in einem Unternehmen angesiedelt sind, desto klarer die Regeln, und desto verlässlicher sind sie als Geschäftspartner.

Mein größter Wunsch: dass alle Menschen nach Regeln spielen.

5. Wie setze ich mich in der Gruppe durch?

Obwohl Frauen für die Kommunikation verantwortlich sind und eigentlich besser reden können als Männer, finden sie während eines Meetings oft kein Gehör. Es gibt das bekannte Beispiel, dass Kollegin X einen Vorschlag macht, der zunächst ignoriert wird, Kollege Y greift ihn auf und plötzlich wird er zum Aha-Erlebnis.

Frauen neigen dazu, nicht präzise zu sein und ihre Wünsche nicht konkret zu formulieren. Dazu kommt, dass es Frauen oft an Selbstbewusstsein mangelt, ihre Meinung überzeugend zu vertreten. Eine Frau sagt beispielsweise: „Wäre es vielleicht sinnvoll, wenn wir über einen Marketingplan nachdenken würden?" Während ein Mann mit seinem *quantitativen* Kommunikationsmuster gleich auf den Punkt kommt: „Mein Vorschlag ist, einen Marketingplan zu erstellen!"

Wenn ich als Frau eine gute Idee habe, sie aber schlecht vortrage, erreiche ich meine Zuhörer nicht. Und wenn ich sie dann noch selbst entkräfte, weil ich unsicher bin, wird meine Idee niemals verwirklicht.

Die Art und Weise, wie Frauen im Beruf kommunizieren, ihre eigentlich *qualitative Kommunikation* ist gleichzeitig ihr Handicap. So werden sie schnell als führungsschwach abgetan, dabei ist gerade Führungsstärke ein wichtiger Faktor, um beruflich voranzukommen.

Zur Verdeutlichung zwei Beispiele aus der Praxis, wie sich Frauen trotz gut gemeintem Engagement ins Aus spielen können:

Ich nahm vor einiger Zeit an einem sogenannten „Projekt-Controlling" teil, und eine der anwesenden Frauen sprach stets von WIR, wenn sie redete. Das klang in meinen Ohren zunächst gut, weil ich dachte: Mensch, die hat das Konzept zwar entwickelt, drängt sich aber nicht in den Vordergrund, beweist Teamfähigkeit und bezieht alle mit ein. Später aber merkte ich, dass die Abteilungsleiter-Kollegen ihr unterstellten, dass sie es alleine nicht packt. Das ständige WIR wurde ihr als Schwäche ausgelegt.

Ein anderes Beispiel: Vor vielen Jahren, als ich noch nicht freiberuflich arbeitete und festangestellt war, hatten wir eine Planungsrunde mit unserem Chef sowie einer Controllerin. Die Männer, alle Ingenieure, sprachen über Zahlen, Zahlen, Zahlen und warum Bauabschnitt A Priorität vor Bauabschnitt B hat, obwohl Bauabschnitt C eigentlich längst fertiggestellt sein müsste. Das ging so endlos hin und her. Die Controllerin erkannte, dass sich die Männer im System verloren hatten, und sagte schließlich: „Wir müssen heute gar nicht zu einem konkreten Ergebnis kommen. Das Projekt wird eh von der Werksleitung noch einmal auf Herz und Nieren geprüft, und wenn die sagt, wir machen eine Kapazitätserhöhung von zehn Prozent, dann machen wir das!"

Eigentlich hat diese Frau perfekt reagiert. Nur, sie fand in der Runde kein Gehör. Dieses „Das muss heute alles nicht einhundertprozentig sein, neunundneunzig Prozent reichen. Also Jungs, macht euch mal für den Feierabend fertig!" kam nicht an. Ihr Einwand kam zu leise, ihm fehlte die Kraft und Energie. Dazu eine unglückliche Körpersprache und ein unsicherer Blick. Und ich dachte: Arme Frau. Hier machst du keine Karriere.

Resümee: Frauen sollten, genauso wie Männer, lernen, selbstbewusst aufzutreten und sich zu profilieren. Rhetorik, Stimmlage und Körpersprache, all das spielt eine wichtige Rolle. Sie sollten lernen, präzise zu formulieren und ihre Ideen besser zu verkaufen. „Trommeln gehört zum Handwerk", Sie kennen vielleicht diesen Spruch. Jubeln Sie Ihre Leistung ruhig einmal hoch! Und werten Sie Ihre Arbeit nicht ab mit Floskeln wie: „Ach, das ist doch nicht der Rede wert." Damit disqualifizieren Sie sich nur selbst.

Also noch einmal: Komm in deine Blüte! Sei einfach ganz Frau! Sei offen, hab Spaß an dem, was du gerade tust, dann verkrampfst du nicht, und es fällt alles viel leichter.

6. Auch auf die Optik kommt es an

Man(n) achtet nicht nur auf das, was Sie sagen und wie Sie es sagen. Sie werden auch in Ihrem Gesamtbild wahrgenommen. Ziehen Sie sich nicht an wie ein Kerl. Das haben die Frauen in den 1970er Jahren gemacht, alles streng geschnitten und in gedeckten Farben. Seien Sie weiblich, seien Sie sexy, aber übertreiben Sie es nicht. Also bitte kein tiefes Dekolleté, keinen zu kurzen Minirock und betonen Sie nicht den Busen. Sonst kommen Sie schnell in den Ruf, eine Schlampe zu sein und außer Ihrer Weiblichkeit nichts bieten zu können. Solche Bemerkungen kommen meist nicht von uns Männern. Gerade Ihre Kolleginnen haben ein sehr strenges Auge auf Sie, besonders wenn Sie erfolgreich sind.

7. Wie entschuldige ich mich richtig?

Gleich eines vorneweg: Sich zu entschuldigen ist kein Zeichen von Schwäche. Und Fehler passieren nun einmal gerade Menschen, die sehr engagiert sind. Eine Schwäche wäre, wenn Sie einen Fehler, den Sie vielleicht nicht begangen haben, für den Sie aber verantwortlich sind, sofort auf jemand anderes schieben. Eine Schwäche wäre auch, mit einer Ausrede zu kommen oder die Umstände dafür verantwortlich zu machen. Spielen Sie den Fehler auch nicht herunter. Ob er gravierend ist oder nicht, liegt im Auge des Betrachters. Wenn Sie einen Fehler gemacht oder sich vielleicht im Ton vergriffen haben, entschuldigen Sie sich umgehend. Tun Sie es persönlich, bitten Sie niemand anderen darum. Auch SMS oder E-Mails sind keine ideale Plattform. Ein Anruf oder ein kurzer Besuch kommen viel besser an. Es sei denn, die Person verweigert ein Gespräch mit Ihnen. Dann bleibt nur noch der Brief.

Es versteht sich von selbst, dass Ihre Entschuldigung immer ehrlich gemeint sein sollte. Wenn Sie es nur halbherzig tun, merkt das Ihr Gegenüber. Auch hier empfiehlt sich, weniger ist mehr. Sprechen Sie quantitativ.

Ich erinnere mich hier an eine Kollegin, die morgens verspätet zu einer wichtigen Besprechung kam. Wir waren vier Männer und sie die einzige Frau. Sie sagte als Erstes: „Tut mir leid ...", das war eigentlich eine knappe und aussagekräftige Formulierung und hätte gereicht. Dann aber folgte eine detaillierte Auflistung all ihrer Hindernisse, mit denen sie am frühen Morgen hatte kämpfen müssen: die unpünktliche nanny, der erkältete kleine Sohn, der Kinderarzt, der nicht zu erreichen war, das Auto, das sie im Stich gelassen hatte.

Mein Kollege neben mir verzog das Gesicht. Ich wusste auch so, was er dachte: Mensch Mädchen, halt doch einfach die Klappe. Setz dich hin und sei still, dann ist alles okay!

Der Chef der Firma setzte aber noch eines drauf, der dachte nämlich: Wenn die ihre nanny schon nicht auf die Reihe kriegt, wie soll die dann ein Projekt koordinieren? Never ever!

Resümee: Frauen neigen dazu, zu erzählen und sich zu rechtfertigen. Das zeugt von Unsicherheit. Bringen Sie Ihre Entschuldigung auf den Punkt – dann ist alles gut.

8. Bestätigung suchen

Wir alle brauchen Anerkennung und Bestätigung, Frauen nach meinem Empfinden jedoch ganz besonders. Vor allem brauchen sie das Gefühl, dass die private oder geschäftliche Beziehung trotz Turbulenzen noch immer in Ordnung ist.

Der Kerl auf dem Männermagazin mit dem Dreitagebart in seinem lässigen Anzug und mit der *Breitling* am Handgelenk hat ein gewisses Selbstverständnis. Der ist von seinem Vater so erzogen worden, dass er ein *cooler* Typ ist. Der durfte als Junge toben und auf den Putz hauen. Der geht relativ selbstbewusst durch die Welt.

Frauen dagegen erscheinen oft selbstbewusst, doch tief in ihrem Inneren nagen Selbstzweifel an ihnen. Sie sind davon geprägt, schön artig, liebenswert und adrett zu sein, dann hat Mama sie gelobt, dann war Papa stolz auf seine kleine Prinzessin.

Und jetzt, als Assistentin, Abteilungsleiterin, Projektleiterin oder Geschäftsführerin? Wer lobt die *Prinzessin*?

Suchen Sie keine Bestätigung durch Vorgesetzte, das wäre blöd. Warum? Weil Sie sich dadurch disqualifizieren und unterordnen. Verfolgen Sie stattdessen zielstrebig Ihre beruflichen Wünsche und Ziele, vertrauen Sie auf Ihr Können und Ihre eigenen Regeln, nach denen gemeinsam gespielt werden sollte. Gehen Sie stur Ihren Weg. Fragen Sie nicht: „Wer krönt mich?" Denn wenn ich jemanden brauche, der mich krönt, dann bin ich vielleicht irgendwann König, aber ich kann nie Kaiser werden, weil immer jemand da sein muss, der mir die Krone aufsetzt. Auch wenn der Vergleich hinkt, weil es ja noch den Papst gibt, um den Kaiser zu krönen, verstehen Sie sicher, was ich sagen will: Ordnen Sie sich nicht unter!

9. Der Wunsch zu gewinnen

Was ist nötig, um den Kopf aus- und das Herz einzuschalten? Wie kann ich mit Herzblut dabei sein? Was macht Glück und Zufriedenheit aus? Wenn Sie einfach loslassen. Wenn Sie loslassen und den Druck rausnehmen, kommt das Glück meist automatisch zu Ihnen, und das in voller Pracht. Vince Lombary, ein beeindruckender Trainer, wenn nicht *der* beeindruckendste Trainer im Football-Sport sagte: „Das Spiel zu gewinnen ist nicht alles, es ist nicht wichtig. Der Wunsch zu gewinnen, darauf kommt es an. Das Verlangen zu gewinnen ist das einzig Wichtige. Wen interessiert das Spiel, wen interessiert, wer gewinnt? Nur das Verlangen ist wichtig. Wenn du das Verlangen hast, dann hast du das Spiel."

10. Bekommen, was frau will

Geh deinen Weg, du bekommst deinen Willen. Aber nicht sofort. Es gibt einige Hindernisse, die auszuschalten sind, um das Ziel zu erreichen. Lassen Sie mich wieder auf mein Lieblingsthema, das Auto, zurückkommen. Sie fahren eine Straße entlang, ein Pferd ist ausgebrochen und steht Ihnen im Weg. Was sollen Sie tun? Okay, Sie fahren langsamer, hoffen, das Tier läuft einfach weiter, tut es aber nicht. Sie warten eine Weile, dann scheren Sie ein Stück aus und fahren vorsichtig an dem Pferd vorbei. Was, um auf das *business* zurückzukommen, tun Sie, wenn Ihnen ein Mann im Weg steht, um beruflich weiterzukommen, Sie nicht fördert, ja förmlich ignoriert? Vielleicht ist er einer dieser amtlich geprüften Steine-in-den-Weg-Leger, Sie kennen diesen Typ vielleicht. Sehen

113

Sie ihn positiv. Denn er ist Ihre Herausforderung und wichtig, um sich im Wettbewerb beruflich weiterzuentwickeln und wirklich exzellent zu werden. Doch können Sie einfach an ihm vorbeifahren, ihn sozusagen umgehen? In der Regel nicht. Sie können aber versuchen, seinen Intellekt anzusprechen, einen Weg zu seinem Herzen finden. Wie? Mit dem richtigen Einsatz Ihrer Stimme!

Sie runzeln jetzt vielleicht die Stirn, sagen: „Aber es kommt doch auf den Inhalt an, auf das, was ich sage." Nein. Nur sieben Prozent der Informationen werden über den Inhalt vermittelt. 93 Prozent gehen über Stimme und Körpersprache, 40 Prozent davon macht die Stimme aus.

Und Achtung: An der Stimme kann nach Meinung von Experten sogar der Charakter eines Menschen erkannt werden. Warum? Eine zu hohe Stimme zeigt Befangenheit, eine zu laute Stimme wirkt dominant, eine Stimme ohne Betonung und Pausen erzeugt Langeweile. Kommt noch eine nachlässige Körperhaltung hinzu, verpufft das Gesagte beim Zuhörer völlig.

Mit dem richtigen Einsatz der Stimme zielen Sie auf den Kopf, das Herz, die Libido des Mannes. Manchmal direkt, manchmal indirekt. Sie müssen diesen Hengst, um beim Pferd zu bleiben, aktivieren, damit er tut, was Sie wollen. Ihre Stimme ist das Instrument dazu. So, wie sie klingt, wie Sie sie klingen lassen, können Sie das Innere des Mannes erreichen. Natürlich könnten Sie sich auch für *drama* entscheiden, um ihn aufzuwecken und aus der Reserve zu locken. Doch das würde Sie beide nur völlig aufreiben. Dann würden Sie Ihre Weiblichkeit verlieren, würden als Persönlichkeit in Ihrem Zorn untergehen. Doch der richtige Einsatz der Stimme bedeutet Frieden, zeigt Kompetenz – und schließlich bekommen Sie Ihren Willen.

Ein Beispiel: Während eines Seminars ging ich einmal um die Mittagszeit mit einigen Teilnehmern in den nahe gelegenen Supermarkt. Dort war unweit der Tür ein Hund angebunden. Ein kleiner Pudel, der bellte und bellte. Ich hätte jetzt wütend sagen können: „Du kleiner, blöder Pudel, dein Bellen nutzt überhaupt nichts. Spiel dich nicht so auf!" Das hätte nichts gebracht, und der Hund hätte weiter genervt. So aber stellte ich mich vor ihn und sagte mit einschmeichelnder Stimme: „Du. Du bist ein ganz Großer, duuuu! Ein ganz, ganz Großer!" Da ist er langsam ruhiger geworden.

So ist das auch bei einem Mann. Wenn die Frau wütend schreit: „Hör endlich auf zu *bellen*", hat das keinen Sinn und führt zu gar nichts.

11. Frauen unter Frauen

Der Anteil von Frauen, die eine Selbständigkeit wagen, nimmt seit etwa drei Jahrzehnten beständig zu. Und das ist gut so. Im Schnitt sind die Unternehmen dieser Frauen, die meist Ein-Frauen-Unternehmen sind oder mit wenig Personal auskommen, erfolgreicher gegenüber den Firmengründungen von Männern, weil Frauen von ihrem Naturell her eher vorsichtiger sind und kein unnötiges Risiko eingehen. Viele dieser Frauen sind in zahlreichen berufsbezogenen Netzwerken aktiv, um Erfahrungen auszutauschen, sich von Mentorinnen beraten zu lassen oder Serviceleistungen und Seminarangebote anzunehmen. Mentorinnen, ja, denn viele Unternehmerinnen wollen ausschließlich den Rat einer Frau. Es fällt ihnen bei einer Frau einfach leichter, gezielt über ihre Probleme zu reden, insbesondere wenn es sich um Branchen handelt, in denen überwiegend Männer anzutreffen sind.

Ich finde diese aktiven Frauen klasse. Ich bewundere sie. Die machen gutes *business*, verstehen untereinander zu agieren, helfen sich gegenseitig mit Rat und Tat und verdienen gutes Geld. Die Netzwerke funktionieren. Aber ... hier bildet sich meiner Meinung nach eine Subkultur heraus. Eine erfolgreiche zwar, doch keine, in der die Frau durch ihre „Blüte" und ihr Frausein die geschäftliche Männerwelt aufmischt und bereichert.

Ich wünsche mir Businessfrauen, die sich in die großen Konzerne wagen, dort die Führungsspitze anpeilen und scharf darauf sind, richtig viel Geld zu verdienen und ganz oben mitzuspielen – als sogenannter *big fish*.

Ist das ein abwegiger Wunsch, was meinen Sie?

12. Seid nicht ...

Ihr Frauen! Seid nicht deutsch, österreichisch, schweizerisch ... Seid nicht katholisch, evangelisch oder sonst irgendwas. Glaubt nicht alles, was in Büchern oder Zeitungen geschrieben steht, und nehmt nicht jedes Wort wörtlich. Geht nicht davon aus, dass Geld etwas Schlechtes ist: man kann damit Gutes tun, anderen Menschen helfen, seine Familie ernähren, den Kindern eine gute Ausbildung zukommen lassen, verreisen und fremde Länder und Kulturen kennenlernen, sich schöne Dinge gönnen, ausspannen, unabhängig sein ... Denkt nicht, Männer wollen nur das Eine, sie wollen auch eure Zuneigung und Akzeptanz. Vergesst die drei Ks: Kinder, Küche, Kirche. Formuliert sie um in Kinder, Karriere und Kühnheit. Seid kühn, traut euch was, habt Mut! Mut, euer Leben zu verändern, eigene Regeln aufzustellen und nach ihnen zu spielen, Geschäftsideen umzusetzen, ein aufregendes Leben zu führen und gutes Geld zu verdienen. Schafft eure eigene Kultur! Und die sollte in erster Linie Freude heißen. Mit Freude in den neuen Tag starten, mit Freude eine gute Beziehung führen, mit Freude Projekte umsetzen. Seid wieder neugierig! Tanzt. Spielt mit eurer Lebendigkeit, vibriert vor Lebenslust. Habt Sex. Habt guten Sex. Lasst euer Herz voll stürmischer Gefühle sein und eure Libido zu einem Feuerwerk der Lust werden!

Teil 5
Storytelling. Beispiele aus der Praxis

1. Die Beförderungsstory

Meine Freundin Katharina arbeitet seit vielen Jahren in einer renommierten Anwaltskanzlei mit drei Partnern, einer Vielzahl von Anwälten und dem Schwerpunkt Wirtschaftsrecht. Katharina macht einen guten Job, hat sich auf Transport- und Kartellfragen spezialisiert und ist fit in Controlling und Finanzmanagement. Sie ist – neben einer Assistentin und Referendarin – die einzige Frau im Team.

Eines Tages kommt ein neuer Kollege, der den Bereich Arbeits- und Sozialrecht übernimmt. Er ist ein smarter Typ, drängt sich nicht in den Vordergrund und kommt mit allen gut aus. Außerdem bringt er der Kanzlei in relativ kurzer Zeit neue Klienten.

Alle sind glücklich über den Neuzugang. Auch Katharina. Bis sie irgendwann vor meiner Tür steht, völlig aufgebracht. Sie verzichtet auf jegliche Begrüßung, stürmt in mein Wohnzimmer und lässt sich auf dem Sofa nieder. „Die haben mich gelinkt. Die haben mich völlig ignoriert als Frau. Dass mir so was in der Kanzlei passiert, hätte ich nie gedacht!"

Ich nicke mehrmals mechanisch, weiß aber nicht, um was es eigentlich geht.

Katharina greift in ihre Handtasche, die sie neben sich abgestellt hat, holt ein Taschentuch hervor und fährt sich damit über die Augen. Weint sie tatsächlich? Ich kann es kaum glauben.

Sie kneift die Lippen zusammen, zerknüllt das Taschentuch in ihrer Hand und streift mich mit einem empörten Blick: „Die haben den Gernot zum Partner gemacht, du weißt schon, meinen neuen Kollegen für Arbeitsrecht. Dabei ist der noch keine zwölf Monate dabei. Und ich? Ich reiß mir seit Jahren den Arsch für die Firma auf, bilde mich weiter, mach Überstunden, geh sogar mit Klienten essen, wenn es der *besseren Zusammenarbeit* dient, und dann werde ich einfach so übergangen. Hör mir nur auf mit Gleichberechtigung, das ist doch lächerlich, pah! Mein Gott, Karsten – ich bin so frustriert. Das ist doch ein Scheißspiel, ein Scheißspiel, sag ich dir!"

Ich weiß um die neuen Aufträge, die Katharinas Kollege der Kanzlei gebracht hat. Ich weiß auch um die Gefahr solcher Erfolge. Ich lasse Katharina noch einen Moment schimpfen. Dann mache ich ihr einen Espresso, öffne einen Pralinenkasten, den mir Tante Ingeborg zu meinem letzten Geburtstag geschenkt hat, und setze mich neben sie. „Du, pass mal auf", sage ich so ruhig wie möglich. „Ich verstehe deinen Ärger und dass du glaubst, du seist als Frau übergangen worden. Aber ich sage dir, dem ist nicht so. Die Entscheidung hat nichts damit zu tun, dass du eine Frau bist, die ist rein funktional und hat mit Mathematik zu tun."

Katharina schaut mich an, als hätte ich gerade den Dolch gezückt. Ein Macho der sich mit ihren *hinterhältigen* Partnern verbündet. Männerbünde.

Ich tätschele beruhigend ihre Hand, wickele eine Praline aus dem Goldpapier und schiebe sie ihr vorsichtig in den Mund. Ehrlich gesagt will ich vorbeugen, damit sie mir vor Wut nicht noch eine knallt. „Die Sache ist doch die", fahre ich fort. „Bearbeitest du Aufträge, die dir auf den Schreibtisch gelegt werden, oder generierst du selbst welche, so dass andere für dich arbeiten? Die Regel ist, dreimal so viel wie das Team kostet. Wenn du dreimal so viele neue Klienten generierst, dann wird dir eine Partnerschaft angeboten. Den Leuten ist völlig klar, dass du dich selbständig machst, wenn sie dich nicht befördern. Dann bist du nicht nur weg, sondern auch ein Teil deiner Kunden."

Dieses Argument überrascht Katharina sichtlich. Sie denkt einen Moment nach, schluckt den Rest der Praline. „Du meinst ...?"

„Ja, ich meine. Ich meine, dass das alles nichts Geschlechtsspezifisches ist. Schau halt, dass du der Kanzlei Klienten bringst, dann bist du bald der nächste Partner."

120

Katharina atmet hörbar auf. „Und ich dachte, ich versteh die Welt nicht mehr. Danke, Karsten, alles klar."
Ich schenke ihr den noch fast vollen Pralinenkasten. Wer weiß, wann der nächste Frust auf sie lauert.

2. Die Verdienststory

Kennen Sie die Unterschiede zwischen Mann und Frau bei einer Bewerbung als Führungskraft? Der Mann sagt auf die Frage, was er verdienen will: „Neunzigtausend Euro pro Jahr plus Firmenwagen, darunter brauchen wir gar nicht erst zu reden!"
Die Frau sagt: „Ja, also ... bei meiner letzten Tätigkeit hatte ich achtundsechzigtausend. Achtundsiebzigtausend wäre mein Wunsch." Sie zögert einen Moment, wartet auf eine Reaktion, die nicht gleich kommt, und fährt fort: „Aber ich würde auch für zweiundsiebzigtausend bei Ihnen arbeiten."
Und Sie, liebe Leserin, wie gehen Sie in ein Bewerbungsgespräch?

3. Die Dominanzstory

Ich habe im letzten Jahr an einem mehrtägigen Training zum Thema Leadership teilgenommen. Eine der Teilnehmerinnen, eine zierliche, blonde Frau von vielleicht Mitte vierzig, die in ihrem Metier als erfolgreich galt, war mir besonders sympathisch. Als ich sie zum ersten Mal sah, wirkte sie auf mich einfühlsam und voller Verständnis, und ich dachte: Schön, dass sie dabei ist.
Am letzten Tag des Trainings bereiteten wir eine Abendveranstaltung vor. Es ging darum, Spaß zu haben und den Energielevel hochzuhalten. Jeder von uns brachte einen Vorschlag ein. Alle wurden von ihr abgeschmettert, denn sie hat-

te sich in den Kopf gesetzt, gemeinsam mit uns einen Pocoloco-Tanz vorzuführen.

Okay, *pocoloco* heißt „ein bisschen verrückt", verrückt vor Lebensfreude. Das klang zunächst gut. Was mich störte, war, dass sie uns mit ihrer mädchenhaften Freundlichkeit dazu brachte, nein, verdonnerte, aus einer Atmosphäre des „Herzens" in eine „Verstandesebene" zu kommen, denn sie bestand darauf, uns hinter sie zu stellen und konzentriert Schritte zu üben. Sie realisierte den Umbruch nicht, die plötzlich verkrampfte Situation in der Gruppe.

Ich trat zur Seite und sagte: „Ihr müsst härter arbeiten für euer Vergnügen!" Das war natürlich paradox. Hart für ein Vergnügen arbeiten zu müssen ist ein Widerspruch an sich. Als ich merkte, wie sich die anderen quälten, rief ich: „Stopp!" Wir machten einen *timebreak* und verwarfen das Ganze. Doch die gute Stimmung war dahin.

Mich machte die Situation nachdenklich, und ich dachte: So eine kleine Giftziege, meckert die ganze Zeit rum, so lange, bis sie kriegt, was sie will – nämlich vorne stehen und alle zwingen, nach ihrer Pfeife zu tanzen. Dafür ist sie sogar bereit, die gute Stimmung zu opfern. So was macht kein Mann. So was können nur Frauen!

4. Die Tausendjahrestory

Eines Tages wurde ich in einen großen Konzern eingeladen, um ein *diversity training* zu halten. Es ging darum, ein Organisationsumfeld zu schaffen, das es allen Teilnehmern erlaubt, sich frei zu entfalten. Diversity im Sinne von Vielfalt und bewusstem Umgang miteinander, Sie wissen schon.

Nach dem Training hörte ich zufällig, wie ein männlicher Teilnehmer zu der Abteilungssekretärin sagte: „Wissen Sie eigentlich, warum Frauen viele Tausend Jahre lang unterdrückt wurden?"

Die junge Frau schüttelte ahnungslos den Kopf.
„Weil es sich bewährt hat! Hohohohoho ..."
Also wirklich, Männer kann man zu diesem Thema nicht
trainieren. Das ist absolut sinnlos. Die sind dafür zu einfach
gestrickt.

5. Die Ich-krieg-was-ich-will-Story

Ich kenne seit vielen Jahren eine Künstlerin, die in den USA,
Westafrika und Südeuropa studiert hat, jetzt am Bodensee
lebt und die ich hier Akulina nennen will. Sie malt aus dem
Bauch heraus in schwelgenden Farben, konzentriert sich dabei nur auf ihr Gefühl, und als Material dient ihr alles, was
sie gerade zur Verfügung hat, notfalls auch Toilettenpapier.
Ich begleite Akulina manchmal als ihr Manager zu Terminen
und chauffiere sie. In dieser Funktion bin ich bei Verhandlungen als „stiller Beobachter" dabei und achte darauf, dass
die finanziellen Ziele erreicht werden. Dabei fällt mir immer
wieder auf, wie sie mit ihren Gesprächspartnern umgeht: Sie
gibt jedem das Gefühl, einzigartig zu sein, zeigt echtes Interesse an ihm. Durch ihre gewinnende Art kennt sie mittlerweile die wichtigsten Leute aus dem Showbiz, den Medien
und einige Top-Manager.

Akulina lebt konsequent nach dem Motto: *Ich kann recht
haben oder reich sein!* So manches Mal habe ich erlebt, wie
sie sich lieber auf die Zunge gebissen hat, anstatt zu wider-
sprechen, denn es ging um viel Geld. Sie suchte einen fi-
nanzkräftigen Partner.

Akulina setzt auf Ausdauer und Zeit. „Nee, mit dem kann
ich nicht, den will ich nicht treffen, der macht mir die Lampe
aus", sagte sie oft während der Zeit der Suche. Wo ich schon
dachte: Hohoho, ist das jetzt nicht ein bisschen überheblich?
Nein, es war nicht überheblich. Sie wusste nur zu unter-
scheiden, und nach einem Jahr war der *richtige* Finanzpart-

ner da, um das Projekt, das sie sich vorstellte, weltweit umzusetzen.

Akulina hat sich ihre kindliche Art bewahrt. Sie ist offen und neugierig, hält aber konsequent Menschen von sich fern, die ihr Energie rauben. Sie spielt auf hohem Niveau. Doch es gibt Wochen, da geht sie nicht vor die Tür, um sich *innerlich zu ordnen*, wie sie sagt. Doch wenn sie rausgeht, ist sie voll da! Wir ergänzen uns sehr gut. Sie schafft die brillante Atmosphäre, und ich mache den Gesprächspartnern klar, dass nach ertragreichen Regeln gespielt wird.

Künstler nagen oft am Hungertuch, auch wenn sie großartige Projekte machen. Akulina nicht. Sie fing an, für ihre Bilder dreitausend Dollar zu verlangen, was für so manchen Maler schon eine großartige Summe ist. Heute stellt sie sich vor eines ihrer Gemälde, einen Kunstliebhaber neben sich, und sagt: „Das kostet fünfundsiebzigtausend!" Der Mensch zuckt nicht mal mit den Wimpern. Der zahlt für das Bild den geforderten Betrag und erfreut sich daran. Ich aber denke, er zahlt nicht für das Bild. Er zahlt für die Erinnerung an eine Frau, die spielerisch ihre „Blüte" lebt.

6. Die Ich-lass-dich-leiden-Story

Ich bin eine gute Führungskraft. Ich weiß, das klingt im ersten Moment überheblich, aber ich sage Ihnen gleich warum: Weil ich viele Fähigkeiten meiner Mutter in mir trage! Und weil mein Vater es nicht darauf anlegte, aus mir einen dieser strammen Kerle zu machen, die am liebsten mit Schwertern und Pistolen spielen und sich nur wohlfühlen, wenn sie gegen Monster und Drachen kämpfen dürfen. Er hat mit mir Windflügel gebaut, ist mit mir zum Schwimmen ans Meer oder zum Skifahren in die Berge gefahren, hat Sachen mit mir unternommen, die einfach viel Spaß gemacht haben.

Meine Mutter dagegen war in der Erziehung dominant. Sie, von der ich eigentlich Liebe und Freude erwartet hatte, gab mir die Knute. Bei ihr lernte ich, wie Frauen ihr Spiel spielen, aber auch mich durchzusetzen – auf elegante Art. *Durchsetzen durch Nachgeben*, Sie wissen, was ich meine. Deshalb bin ich heute beziehungsfähig. Deshalb bin ich oft in der Lage, wie eine Frau zu agieren.

Ich habe viel aus der Beziehung meiner Eltern gelernt. Sie war unbewusst angelehnt an das, was die Amerikaner *make mama happy* nennen – wir sprachen bereits darüber. Ist Mama *happy*, sind die Kinder *happy*, sind Papa und Mama AN.

Einmal gab es in meinem Team einen Mitarbeiter, der sehr qualifiziert war, sich aber etwas hat zuschulden kommen lassen. Etwas, das einen sofortigen Rausschmiss gerechtfertigt hätte. Ich rief ihn Freitagnachmittag an und teilte ihm mit, dass ich ihn am Montagmorgen zu einem persönlichen Gespräch in meinem Büro erwarte. Mehr sagte ich nicht. Nur diesen Satz.

Ich bin sicher, dass er die folgenden Nächte kaum geschlafen hat, dass er sich mit dem Gedanken quälte, rauszufliegen und bald keinen Job mehr zu haben, dass er dachte, sein ganzes Leben sei eingestürzt.

Am Montagmorgen sah er unausgeschlafen aus, vollkommen fertig. Ich sah ihm ins Gesicht und sagte: „Okay, Sie kennen die Regeln, kennen Ihre und meine Aufgabe, aber ich drück noch mal ein Auge zu. Denn eigentlich müsste ich Ihnen kündigen."

Dieser Mann ist mir bis heute dankbar. Aber darauf will ich gar nicht hinaus. Ich will darauf hinaus, dass ich bei der Aktion wie eine Frau gehandelt habe: Lass ihn ein bisschen leiden, krieg ihn ein bisschen – und dann bekommt er seine zweite Chance.

Diese feminine Seite, die ich von meiner Mutter habe, hat mir in der Zusammenarbeit mit Mitarbeitern und Kollegen oft geholfen. In meinen Abteilungen war die Stimmung überwiegend gut, und ich persönlich verstand es, mich gegen Intrigen zu wehren. Nur im Umgang mit Vorgesetzten gab es Probleme. Durch meine *weibliche Seite* war ich jedem Mann überlegen. Ich war einfach besser!

Damit Sie jedoch nicht denken, ich sei ein Übermensch: Ich wusste zwar, wie Frauen ticken, hatte aber lange Zeit keine Ahnung von dem Spiel der Männer. Ich habe es erst später verstanden und bin, nach einigem Üben, nun endlich in der Lage, exzellent mitzuspielen.

Anmerkung: Namen, Orte und verschiedene Details wurden in den Geschichten geändert, um das Persönlichkeitsrecht zu wahren.

Nachwort

Liebe Leserin,

nun kennen Sie das Spiel der Männer, spielen deren Spiel aber nicht mit, sondern haben sich Ihre ganz eigenen Regeln geschaffen, nach denen gemeinsam gespielt wird. Sie nutzen Ihren „weiblichen Radar", besinnen sich auf Ihre femininen Fähigkeiten. Ab sofort werden Sie sich nicht mehr disqualifizieren, keine Maske aufsetzen und nicht anfangen zu dominieren. Sie sind einfach ganz Frau, kommen in Ihre eigene Freude und bereichern so Ihr geschäftliches Umfeld. Ihren männlichen Kollegen, Mitarbeitern und Vorgesetzten treten Sie gelassen gegenüber. Warum ihnen Freude und Menschlichkeit vorenthalten, wenn es „mit" doch viel besser geht? Sie haben den *deal*, Quantität Geld gegen Qualität Leben, verstanden. Ihnen gehört die Businesswelt!

Vor längerer Zeit gab es in der britischen Zeitschrift The Economist folgende Überschrift: „Vergessen Sie Indien, vergessen Sie China, haben Sie Respekt vor der größten Weltmacht: den Frauen!"

Ein schönes Schlusswort, wie ich finde.
Ihr Karsten Edelburg

Danksagung

Mein Dank geht an alle Coaches, an deren Trainings ich teilgenommen habe und die mich in meiner Entwicklung nach vorne gebracht haben. Vieles von dem, was ich gelernt habe, ist in dieses Buch eingeflossen.